CRACCO

CRACCO
Sapori in movimento

Autori: Carlo Cracco e Alessandra Meldolesi

Testi: Alessandra Meldolesi

Ideazione delle ricette: Carlo Cracco, Matteo Baronetto e Diego Giglio

Realizzazione delle ricette: Carlo Cracco, Matteo Baronetto e Diego Giglio

Progetto grafico originale: Mario D'Adda

Adattamento del progetto grafico e impaginazione (introduzione, aperture, apparati finali): Carlo Savona

Fotografie:
Wowe *(introduzione, aperture, apparati finali)*
Bob Noto *(ricettario)*
Archivio Giunti / Francesca Brambilla e Serena Serrani
(pagg. 14, 34 e ritratto in copertina)

Redazione: Cinzia Amatucci e Alessandra Meldolesi

Responsabile editoriale: Davide Mazzanti

www.giunti.it

© 2006, 2013 Giunti Editore S.p.A.
Via Bolognese, 165 – 50139 Firenze – Italia
Via Borgogna, 5 – 20122 Milano – Italia
Prima edizione: ottobre 2006
Nuova edizione: maggio 2013

Ristampa	Anno				
6 5 4 3 2 1	2017	2016	2015	2014	2013

Stampato presso Giunti Industrie Grafiche S.p.A. – Stabilimento di Prato

Non conoscevo Des Essarts, attore e gastronomo dall'appetito leggendario, prima che Alessandra Meldolesi mi facesse leggere i suoi aforismi culinari. Era un entusiasta del rognone, come Carlo Cracco e me. A tale proposito si raccomandava con i cuochi: «Sfrutta al meglio la graziosa accondiscendenza del rognone di vitello, moltiplica le sue metamorfosi: puoi dirlo a ragione il camaleonte della cucina, senza timore di recargli offesa». È un ingrediente così istrionico che Carlo al ristorante ci mette i ricci di mare: il mio piatto preferito da sempre.
L'amore che porto al "fare da mangiare" è nato in campagna. Mia madre spadellava secondo tradizione, ricordo che riusciva a tirar fuori di tutto da quello che trovava nei campi, nei boschi e nell'acqua intorno a casa, prima in Lomellina, poi sul Lago Maggiore, dove la varietà era sconfinata, grazie alla pesca e alla selvaggina. Non posso scordare il suo minestrone con le verdure dell'orto: non ne ho più provati di migliori, con la pastina o il riso quasi per decorazione. Poi c'erano le alborelle, che da ragazzi pescavamo a centinaia, per mangiarle in una frittura fantastica, e i pesci importanti come i lucci... quando abboccavano era la festa grande. Un'altra risorsa fondamentale era la fossa dei conigli. Mio padre era ferroviere, come il padre di Cracco, e quando i conigli scappavano a procreare come dei matti, come fanno da sempre i conigli, purtroppo finivano spesso sotto le ruote. Allora ci toccava mangiare conigli per intere settimane, cucinati in tutte le maniere: arrosto, in salsa, bolliti, con l'aceto... Mi hanno nauseato per decenni. E ancora i frutti di bosco, le insalate selvatiche e i funghi, che ho imparato a raccogliere fin da ragazzo.
Il rognone no, era una cosa raffinata, che bisognava comprare dal macellaio. Mia madre me lo preparava con il risotto, ed era il Carnevale, ma con il tempo la voce si è sparsa e nei ristoranti, quando passavo in tournée, hanno preso a farmelo trovare in anticipo, come primo o come secondo: era una fama che mi anticipava.
La cucina l'ho portata spesso anche in scena: quante indigestioni, scorpacciate e intemperanze organiche nella Commedia dell'Arte, da Arlecchino a Pulcinella.
Nella *Storia della tigre* le ho cucito sopra un apologo:
«"AUGH!" Come a dire: "Bono! UAUMCH. Damene ancamò!"», esclamano la tigre e il tigrotto quando scoprono la magia tutta umana della "carne cota"; dopo di che la tigre domanda «Ghe n'è pù?» e torna con un bisonte intero per il povero contadino-rosticcere. In un ristorante creativo sperimentiamo tutti l'apostasia dei tigrotti: la cucina è un'irresistibile conversione. Sono gesti che si perdono, quelli del cuoco e dell'attore, e questo ci fa sentire ancora più vicini, oltre la gola.

Dario Fo

Sommario

15	**Cracco, sapori in movimento**
38	Microfisica del menu
39	La piramide alimentare

Riso
42	Risotto con acciughe e limone, cacao al peperoncino
44	Riso al salto con polpette di vitello e cavolo pigna
46	Crema di riso e zafferano con midollo e cacao nero
48	Timballo di albume, orzo perlato e ostriche
50	Crema di riso Venere, capperi essiccati e ricci di mare
52	Risotto allo zafferano con midollo alla piastra
54	Insalata di riso Basmati con avocado, ricci di mare e mandorle

Pasta
58	Pizza margherita con midollo e ricci di mare
60	Ravioli di latte di capra con cipollotto, sedano e tartufo nero
62	Ravioli di cotechino, verza e patate americane
64	Gnocchi di patate croccanti con trippe di baccalà stufate
66	Zuppa di broccolo fiolaro di Creazzo con cozze, vongole e mezzi rigatoni
68	Spaghetti di patate con alici marinate e puntarelle
70	Capesante con finocchi e ristretto alla liquirizia
72	Minestra di birra con bruscandoli e uova di seppia alla piastra
74	Spaghetti fritti, pomodoro e basilico

Verdure
78	Verdure in crosta di sale
80	Asparagi bianchi, mandorle fresche e *Ficoidea glacialis*
82	Zuppa di sedano, tartufo nero e mortadella
84	Insalata russa caramellata al tartufo nero
86	Tortino di rabarbaro, salsa di yogurt
88	Verdure essiccate al naturale
90	Purè di patate al peperoncino

Frutta

- 94 Frutta caramellata
- 96 Lime con X-Fresh
- 98 Frutta essiccata
- 100 Polpa di mango e Fisherman's Friend
- 102 Involtini di mascarpone con frutta secca e sedano candito

Condimenti

- 106 Bagna cauda
- 108 Pesto e uvetta
- 110 Salsa Cocktail
- 112 Salsa Tonnata
- 114 Salsa di noci

Uova

- 118 Tuorlo d'uovo marinato con asparagi verdi
- 120 Uovo al vapore con tartufo nero
- 122 Albume sodo montato a neve, polpo arrostito e acqua di riso Venere
- 124 Uovo essiccato, farro spezzato e olive nere
- 126 Tuorlo d'uovo fritto con legumi in insalata

Pesce

- 130 Trancio di nasello con asparagi verdi alla vaniglia
- 132 Crema di rafano, cacao al peperoncino e tartufi di mare
- 134 Astice blu alla birra con bruscandoli
- 136 Trancio di branzino dorato con datteri, puntarelle e patate viola
- 138 Bruschetta con pomodoro, scampi e olive nere
- 140 Trippe di capesante in umido, patate e cipolline
- 142 Gamberi rossi di Sanremo con melanzane, pomodori e Campari
- 144 Baccalà al vapore con purea di verza e germogli di crescione

Carni

148	Rognone di vitello con ricci di mare
150	Vitello impanato alla milanese con petali di pomodoro gratinati
152	Filetto di maiale alla liquirizia con sedani e cipolla di Tropea
154	Musetto di maiale fondente con scampi e pomodori verdi
156	Petto di piccione allo spiedo con peperoni arrostiti
158	Midollo nell'osso gratinato con zucca e verdure all'olio
160	Animelle di vitello con carciofi al caffè e scorzonera
162	Filetto di capriolo al pepe verde, melagrana e sedano rapa

Formaggi

166	Crema di Parmigiano e pere con miele d'acacia
168	Tiramisù leggero cotto al vapore
170	Soufflé al mascarpone, olive nere e pistacchi
172	Semifreddo di ricotta, pere e miele
174	Paccheri di gruyère in insalata con noci e gruè al cacao
176	Flan di mascarpone, frutta secca e menta
178	Bignè di scamorza affumicata e Parmigiano

Appendici

183	Le basi
	Brodo di manzo
	Brodo vegetale
	Fumetto di pesce
	Sugo di vitello
184	Glossario
186	Indice alfabetico per portate

Avvertenze
- *Per gli ingredienti seguiti da un asterisco (*) si rimanda alle ricette di base.*
- *I termini in corsivo nel ricettario sono descritti e spiegati nel glossario.*

Cracco,
sapori in movimento

*Si dice spesso che la nostra cucina non bada tanto ad allettare il palato,
quanto a deliziare con le seduzioni proprie delle arti decorative.
Io penso che le sue composizioni mirino ancora più in alto. Si direbbe
quasi che intendano sprofondarci in meditazioni silenziose.*

Junichiro Tanizaki

Sono i nostri passi a disegnare il paesaggio nel quale ci muoviamo: uno scenario che per uno chef si compone di maestri e ristoranti, tecniche e ingredienti assunti a leitmotiv creativi. Non c'è solo il Duomo di Milano, per quanto maestoso, nel paesaggio fisico e concettuale di *Cracco*, centralissimo "due stelle" d'avanguardia, ma un complesso *patchwork* di elementi a sorpresa, nel quale si affastellano un pezzo di Parigi e un pannello delle Langhe, e poi un vento di Spagna e un pizzico di Oriente.

Vicentino di nascita, appena quarantenne, Carlo Cracco vi è approdato dopo un percorso intenso e originale, che ha iniziato un po' in sordina in un locale cittadino, da *Remo*, per poi spiccare il volo sotto l'influenza di Gualtiero Marchesi, Ducasse e Senderens, maestri di cui conserva tracce rarefatte, setacciate attraverso un implacabile filtro personale: «In via Bonvesin de la Riva ho imparato cosa significhi veramente fare cucina, costruire menu, ideare ricette, il rapporto fra la cucina, il piatto e quello che alla fine è il messaggio. A quei tempi in Italia c'era solo Marchesi, che è stato l'unico grande chef che abbia saputo guardare oltre i confini nazionali per ideare una cucina prettamente italiana, ma molto personale».

Non meno decisivo l'incontro con Matteo Baronetto, che lo affianca ormai da undici anni, quattro dei quali nelle vesti di secondo: «Fra di noi c'è un rapporto speciale, capisce al volo l'effetto cui miro e mi aiuta a realizzare le intuizioni. Dal punto di vista creativo viviamo in simbiosi: ha portato nuovi registri nella mia cucina, sempre al passo con le ultime tendenze. Per me è molto più di un *sous-chef*: da lui mi aspetto più che da me stesso». I diversi passaggi delineano una traiettoria atipica, dalle fondamenta classiche alla cucina di ricerca: «Sono il più conservatore dei creativi», sintetizza.

Quella di Carlo Cracco è una cucina a doppio taglio, nella quale si intersecano la compostezza formale e l'anarchia creativa, la citazione della tradizione e lo straniamento avanguardista, il gioco cerebrale e la seduzione edonistica, lo stridore atonale e la trama di una nuova armonia. Contrasti che trovano nei piatti una perfetta emulsione: quella *coincidentia oppositorum* che è fra gli arcani misteri della cucina professionale.

Minimalismo e sottrazione

Il minimalismo è la cifra di *Cracco*, dall'*understatement* dello chef all'arredamento dei locali. Ci troviamo sotto terra in un mondo a parte, un po' caverna platonica un po' sommergibile da *Ventimila leghe sotto i mari*, propizio alle *rêveries* e agli scatti dell'immaginazione.

Tutt'intorno si dispone uno scenario luminoso di superfici levigate e volumi puri, senza soluzione di continuità fra l'interno e l'esterno, i tavoli e i fornelli, come sanno gli ospiti della saletta, sorta di palchetto intimista rispetto alle platee delle cucine a vista. I pomelli d'ottone delle stufe non splendono meno delle gambe delle sedie sotto i tavoli, che inalberano sobrie decorazioni floreali. Una filosofia che chiude il suo cerchio nella scelta dei piatti, cornici bianche e rotonde che isolano il cibo in un rito di passaggio: dall'alimentazione alla cucina d'autore.

«Personalmente mi considero l'interprete di qualcosa, che sia la materia prima o la ricetta della tradizione, ma nel compiere questa operazione finisco per mettere in gioco il mio carattere. È una visione soggettiva, che resta sempre ancorata al prodotto e al gusto: quello che conta, in definitiva, è fondere il tutto nel modo migliore. Oggi facciamo molta fatica a essere semplici, ma la cucina in realtà non ha bisogno di fare mille cose: basta che sia gustosa e concreta».

Il menu parla un linguaggio piano, come il lessico usato dai poeti neoclassici. Gli elementi sul piatto sono contati, i sapori nitidi, i colori definiti: pochi ingredienti e molte idee. A volte può bastarne uno solo, in una vecchia utopia che i cuochi non hanno mai smesso di inseguire. È il caso delle verdure essiccate, l'*amuse-bouche* della casa, dove persino l'aggiunta del sale diventa un automatismo da evitare.

Il minimalismo ai fornelli è sottrazione, una cucina che si fa "per forza di levare" anziché "per via di porre", come la scultura nel marmo rispetto alle opere di terracotta. Può trattarsi di un ingrediente appunto (la farina nella pasta, il tuorlo o l'albume nell'uovo) o delle incrostazioni di un'abitudine (un taglio, una cottura, una complicazione) – ma cosa succede se si elimina un elemento significativo da una ricetta, operando una selezione meditata? Probabilmente il piatto oscillerà, girerà su se stesso e finirà per appoggiarsi su un lato diverso, offrendo un profilo sorprendente.

«Prendiamo la famosa cotoletta alla milanese: la carne di vitello è talmente sottile che alla fine risulta sempre stracotta. Tagliandola a dadi invece si ottiene un duplice vantaggio: da una parte si salvaguarda la succulenza della polpa, dall'altra si massimizza il rapporto fra la crosta croccante e il suo contenuto, che è la vera cifra del piatto. La stilizzazione gustativa procede di pari passo con la stilizzazione visiva, perché alla fine si ottengono dei volumi netti, direi quasi... una "cotoletta cubista", come l'avrebbe pensata Braque. Inoltre si attiva un gioco di rispecchiamento nella memoria del cliente, che istintivamente collega il piatto a una forma diversa, non certo a un puzzle, e il coinvolgimento si sposta, in chiave ludica, sul piano dell'immaginario. Secondo me questa è l'unica rivisitazione possibile: nel taglio, non certo nel gusto o negli ingredienti, perché rispetto alla ricetta originale non è cambiato quasi nulla. Vitello, pane, uova, burro chiarificato: è la classica "milanese" insomma. La tengo sempre in carta in omaggio a Marchesi, perché rappresenta una cucina intelligente, semplice e complessa al tempo stesso».

A Carlo Cracco piace delineare un concetto dietro ognuna delle sue ricette. Tutti i gesti sono il frutto di una riflessione sulle materie prime e sul risultato a cui si mira; a partire da queste premesse il piatto potrà scivolare con grande naturalezza direttamente sotto la forchetta del cliente, come una breve pausa di semplicità fra due momenti complessi: la riflessività tecnica in cucina e una sorta di "extrapiatto mentale", che vibra di componenti semantiche e risonanze poetiche.

I ferri del mestiere

La cucina di *Cracco* è un'istantanea in movimento: difficile coglierne i lineamenti in stato di riposo, decifrarne linee guida assodate, principi assoluti, persino tratti ricorrenti.

«La mia vuole restare una cucina umanistica. È il prodotto a dovere parlare, per questo preferisco non intervenire pesantemente sulle materie prime, ma piuttosto sceglierle con cura, nella loro stagione migliore, e valorizzarle in modo nuovo, senza alterarle con nessuna aggiunta, perché le proprietà biochimiche sono una parte integrante delle cose, al pari del sapore.

«Il taglio e la cottura di solito bastano per giocare con le forme e le consistenze, modulando gli accostamenti, quindi parlerei di una cucina non interventista o scarsamente invasiva, come si fa nell'enologia oggi in voga».

Se ci si guarda intorno mentre Cracco parla, si passano in rassegna le ergonomiche attrezzature d'ordinanza: forni lucidati a specchio che custodiscono piani di pietra roventi, fornelli classici con la fiamma e la piastra, marmitte con i fondi che sobbollono, e poi casseruole di rame, salamandre e armadi caldi per l'essiccazione...

Tutto come da copione, insomma. Dove nasce allora l'eccezione *Cracco*?

«Lo stile è sapere dove bisogna fermarsi, compiere dei movimenti in avanti, mettere in opera degli slittamenti, poi magari riassorbirli all'interno di un quadro conosciuto. La cucina moderna ha sicuramente dei principi ricorrenti, un metodo e una filosofia di lavoro che ognuno declina in modo personale. Ad esempio le cotture: ogni cosa sarebbe oro, se avesse il tempo di diventarlo. Lo pensavano già gli alchimisti e in effetti la dolcezza delle basse temperature e l'azione rallentata delle marinature possono stimolare delle trasformazioni incredibili. Anche la cottura espressa può essere utile per illuminare il prodotto, è quasi una fotografia dell'ingrediente in quel determinato momento.

«Nonostante le apparenze la mia è una cucina profondamente italiana, direi persino mediterranea, perché sono tradizioni intrinsecamente moderne, se bene interpretate: la centralità delle materie prime rispetto alla loro trasformazione, l'immediatezza delle cotture espresse, una sorta di autolimitazione del cuoco di fronte a un parco prodotti che probabilmente non ha eguali nel mondo e che non cessa di stupirmi... Prendiamo un ingrediente umile, i fagioli: da nord a

sud ne esistono decine di tipi, tutti diversi per colore, gusto, forma e consistenza. Gli oli variano per origini, profumi e sapori; il pesce in Sardegna ha un gusto, nell'Adriatico un altro, passando per la Liguria fino ad arrivare in Sicilia…».

Ancora un ingrediente: la ricetta

Accanto alle materie prime, però, da *Cracco* ci sono anche le "ricette prime": forme da prendere, aprire, illuminare e fare riflettere su se stesse. Le tattiche per spiazzarle sono innumerevoli: sottrazioni, restauri, interpolazioni, trasfigurazioni, contaminazioni fra dolce e salato, pesce e carne, cucina moderna e antica, giochi mimetici e riflessivi.

«Prendiamo i miei spaghetti al pomodoro. Nell'immaginario collettivo sono un piatto molle e informe, io invece li ho fritti e ne

ho fatto una scultura. Ho preso la ricetta e l'ho decontestualizzata, per suscitare una partecipazione diversa, uno straniamento del noto che metta in scacco il *cliché*. Gli ingredienti sono gli stessi, a partire dal *mariage* di pomodoro, basilico e olio, che si potrebbe definire un *flavour principle*, perché attiva immediatamente il riconoscimento del piatto. La cottura invece è del tutto cambiata; ma è proprio l'umidità della lessatura, secondo gli storici, a connotare in modo distintivo la pasta, segnando la sua nascita».

Un altro esempio è il risotto giallo, una tradizionale specialità della cucina di Milano:

«Uno straniero di passaggio in città ha sempre il diritto di trovarlo in carta, magari reinterpretato in chiave moderna. Mi ha ispirato tanti piatti, come il risotto allo zafferano con il midollo alla piastra e la crema di riso e zafferano, sempre con il midollo alla piastra e una spolverata di cioccolato grattugiato. In entrambi i casi mi sono servito di un'estrapolazione, nel senso che ho portato fuori ciò che prima era dentro, per rinnovare il gioco delle consistenze e la presentazione.

«La ricetta ha trovato al suo interno un comprimario di razza, l'orizzontale il verticale, il morbido il croccante; si è sgravata di una parte dei grassi, che sono dolci ma anche un po' amari, per via della cottura. Mi sono limitato a scomporla nei suoi contrasti di base, perché era già equilibrata, quindi ne ho evidenziato le sfaccettature e ho esaltato certe note con un pizzico di cioccolato».

Anche una figura retorica può servire allo scardinamento: nel consommé di lardo e acciughe un fondo di cottura assume il ruolo di *entrée*, una parte del piatto lievita vertiginosamente con il calore del forno, fino a prendere il posto del tutto ed elevarsi, appunto, a sineddoche culinaria. Altrove un umile grasso di complemento, il midollo, si isola e si propone per la prima volta come protagonista di un piatto, che a suo tempo suscitò scalpore: è il dettaglio amplificato di un'iperbole da mangiare. Ma c'è posto anche per gli ossimori (il rognone con i ricci), le similitudini (la bottarga d'uovo), i paradossi (la pasta-non pasta) e ovviamente l'ironia (le confezioni *junk food*)...

Nell'epoca del metalinguaggio e del metateatro (quando si parla il discorso e si inscena il teatro) anche la cucina comincia a cucinare se stessa. Si tratta in questo caso di "piatti di secondo grado", che nascono dall'elaborazione di un materiale culinario allo stato grezzo: ogni ricetta trova il suo doppio in uno scorcio angolare, che introduce a una nuova dimensione d'autore.

Anatomia di uno stile

«La prima qualità di un cuoco è il senso estetico, deve capire se una cosa è buona, quando è perfetta, qual è il punto di equilibrio, fino alla costruzione del menu, che è l'approdo finale per dare un senso alle parti».

Carlo Cracco è lo chef della forma: l'armonia non manca mai nei suoi piatti, come risultante a sorpresa di un delicato gioco di contrasti, nel quale ogni possibilità va sfruttata. La cucina, del resto, non è avara: sollecita il gusto, l'olfatto, il tatto e la vista, ma anche il pensiero, l'immaginario e la memoria con il suo plurilinguismo.

«La cucina moderna ha sempre teso alla massima intensità nella rarefazione, cercando modi nuovi per esaltare il sapore naturale delle

cose, dalla "nouvelle cuisine" alla "molecolare". In questo quadro la tecnica non ha un ruolo determinato: nei miei piatti può essercene molta o poca, perché è solo un mezzo rispetto al fine del gusto. L'ideale però è coniugare tutti i sensi, valorizzando al tempo stesso gli aromi, le consistenze e la presentazione.

«Sono rette che si incrociano, ad esempio nel tuorlo marinato, dove un semplice trattamento con il sale affumicato e un elemento neutro, la purea di fagioli, consente di riunire l'intensificazione del gusto, i profumi dell'affumicatura, una struttura molto particolare e un aspetto suggestivo. Il tuorlo conserva la sua forma circolare con un cromatismo elegante, ambrato e traslucido, che ricorda l'alabastro; è leggermente colloso, ma questo non fa che prolungare gli aromi, fissandoli sulle papille. Abbiamo cominciato associandolo a contorni stagionali diversi, gli asparagi bianchi e le mandorle fresche, gli asparagi verdi, il tartufo bianco, il nero di seppia e la *Ficoidea glacialis*.

«Ma quante ricette possono derivare da un semplice tuorlo marinato? Tutte le paste di uovo, gli spaghetti con la salsa aglio e olio o con i pomodorini e le alici, e poi il minestrone con i garganelli, i raviolini di carne cruda, e ancora le salse, la cocktail, la "bottarga", la maionese trasformata... È stata questa la base per altrettanti *divertissement* un po' ironici, con i quali abbiamo voluto "traslitterare" buona parte della cucina italiana».

Come il tuorlo, anche le frattaglie hanno tutto un altro aspetto: il rognone è una cascata di petali rosa, il midollo una colonna dorica, la trippa un *millefeuille* spampanato, il musetto un cubo lucente. Tra *food design* e dominanti ctonie, pulizia visiva e gusti selvaggi, sul piccolo palcoscenico del piatto si accende un nuovo dramma culinario.

«Sono sempre stato attratto dalle forme stilizzate dei designer, perché ciò che è funzionale ha spesso in sé un principio estetico, anche a tavola. Un piatto buono deve essere facile da mangiare, quindi cerco di evitare le presentazioni arzigogolate.

«La simmetria non mi dispiace: rappresenta una componente cartesiana, che suscita un atteggiamento un po' contemplativo. Corrisponde alla pulizia che cerco di mantenere nel piatto, separando gli ingredienti nella massima trasparenza dei sapori. La forma dei prodotti è quasi sempre simmetrica e mi piace farla respirare ampliandola, come i cerchi concentrici di una corteccia. Ma non può mai mancare il dinamismo: un piatto deve restare bello mentre viene mangiato, e questo è impossibile se si regolarizzano troppo le forme».

Cosa si prova a degustare un'idea?

Magico crocevia di dimensioni spirituali e corporali, nella bocca confluiscono e defluiscono «da un lato le parole e i baci, dall'altro il mangiare, il bere e lo sputare»: questo, almeno, nelle parole di Hegel. Altri, come Novalis, teorizzavano la necessità di nutrire al tempo stesso il corpo e l'anima con il cibo, «strumento misterioso di una trasfigurazione e di una divinizzazione sulla terra, di un rapporto vivificante con ciò che è assolutamente vitale», ovvero il Genio della Natura.

Ma davvero si può trasformare la bellezza in un pasto? Cosa si prova a degustare un'idea?

La cucina di testa fu teorizzata per la prima volta da Gualtiero Marchesi in contrapposizione alla cucina di gola: si definisce come il tentativo di attivare nel pubblico l' "appropriazione intellettuale" del piatto, anziché sopraffarlo con sensazioni di appagamento primordiale.

«Ma il sapore non va mai penalizzato», sottolinea Cracco. «Si tratta piuttosto di coinvolgere chi mangia su più piani, perché proprio il contrappasso può acuire l'interesse e l'emozione del cibo. Un piatto è buono quando il suo gusto conferma il ragionamento del cuoco: è

una prova del nove che non può certo mancare. Mi piace che i clienti riflettano mentre sono seduti a tavola: per me è la più grande delle soddisfazioni. Qualche giorno fa un amico ristoratore mi ha detto: "Guardando i tuoi piatti ho cominciato a pensare, poi ho continuato mangiando e dopo avere finito, ma proseguirò anche domani"».

I piatti diventano discorsi, o meglio ancora "frasi culinarie": il cuoco sceglie un prodotto, lo elabora e lo affianca con diversi elementi, come salse e contorni. Anche questa in fondo è una sintassi. Ma cosa trasforma una frase in poesia? Cosa trasfigura una proposizione in un verso? La metrica, certo, ma non solo.

«Ultimamente si è molto parlato del rognone con i ricci: piatto quintessenziale, centrifugo, impulsivo. È l'incontro impossibile di due ingredienti viscerali, che si esprimono nella massima purezza, senza elaborazioni culinarie di troppo. Il piatto si sviluppa attorno al loro punto di contatto, prende luce dalla scintilla della loro stessa frizione, perché sono il mare e la terra, ma anche il crudo e il cotto, la freschezza dello iodio e la ferrosità del sangue, la solubilità sul palato e la masticabilità delle fibre, a un pari livello di sapidità. Nessun elemento riesce a prevalere: è un corto circuito organolettico che difficilmente può trovare dei raffronti nelle esperienze gustative anteriori».

Sintetiche contrapposizioni fra ingredienti che lasciano campo libero all'emozione dell'istante e alla contemplazione della natura, come le brevissime poesie giapponesi.

Cinque anni e un giorno

A cinque anni dalla fondazione, la parabola creativa di *Cracco* si è naturalmente articolata in cicli monografici, che i clienti più assidui hanno avuto modo di seguire passo dopo passo. Assomigliano a macroricette in formazione, nelle quali i singoli piatti si dispongono in sequenze concatenate, come i fotogrammi di un'entità in movimento. Il tartufo certo, ma anche il filo bianco e rosso del "quinto quarto", il riso rivisitato, la rivoluzione dell'uovo e la rifondazione della pasta. La cucina, del resto, ha sempre "fame": piatto mangia piatto, tecnica mangia tecnica, stile mangia stile.

Nel campo di battaglia del menu solo poche ricette alla fine sopravvivono: «Il bisogno di evoluzione è uno dei miei imperativi primari. La ricerca occupa uno spazio centrale nelle nostre giornate di lavoro, come una sorta di palestra per evitare la pigrizia degli automatismi mentali. A chi mi chiede come nasce un piatto rispondo che accade, nel senso che un'idea si fa strada in modo imponderabile. Può venire da un ingrediente complesso, come l'uovo, da un procedimento, la pasta non-pasta, o da mille stimoli casuali, per esempio un oggetto quotidiano che ti capita sotto gli occhi nel momento giusto, dal tubetto di crema al campionario delle carte del menu; altre volte è un errore oppure un modo per riciclare gli avanzi.

«Lo stato d'animo del servizio in cucina è un po' particolare, magari ti trovi davanti due ingredienti che non avevi mai pensato di associare e ne vien fuori un grande piatto. Ma l'idea è solo la base per tante elaborazioni meditate, un'impalcatura che non serve più quando il lavoro è terminato.

«Prendiamo la crema di riso: è una variazione del risotto, che viene portato a cottura nella panna e frullato nel Bimby, ottenendo un aspetto quasi a specchio, una consistenza untuosa e un gusto ricco. L'idea ha fornito lo spunto per molti piatti: la crema di riso allo zafferano, quella alla birra, quella con il riso Basmati, che è la più pro-

fumata, quella con il riso Venere, che è violacea e bellissima... Questo svolgimento è il momento centrale; poi subentra la messa a punto, per dare alle ricette contorni definiti, perché non tutte riescono al primo tentativo. La carta viene cambiata con cadenza stagionale, ma può subire modifiche in base a impulsi estemporanei, per la disponibilità di un ingrediente particolare, i desideri di un *habitué*, un'intuizione improvvisa. In generale possono restare dei classici, come il risotto con il midollo e il musetto con gli scampi, ma fanno sempre parte di un processo a doppia velocità in azione. La cucina per me è essenzialmente movimento».

L'"ombra" di un piatto del passato continua a stendersi per un attimo su quello successivo, mentre una nuova ricetta già comincia a pulsare in qualche dettaglio qua e là:

«Non saprei dire se esiste un punto di approdo. Sicuramente a un momento dato giungiamo a una saturazione, perché magari un ingrediente ha finito per rimandarci a un altro. Ma spesso è solo un filo che abbandoniamo, per poi riprenderlo anni dopo».

Cracco, domani

La creatività dei cuochi è nomade: le innovazioni possono radicarsi nel territorio o attraverso il mondo, prendere le mosse dall'immaginazione o dalle eredità della memoria, trasfigurate in un'altra dimensione.

Ogni carta è un caleidoscopio di suggestioni, come le nostre esperienze quotidiane: «Oggi la cucina non è più una sola: proprio questa è la forza della ristorazione italiana, che ha tante filosofie da confrontare, con chef diversi per formazione, origini, sesso ed età. In carta abbiamo due menu degustazione, uno creativo, l'altro dedicato ai classici moderni, in omaggio alla città, alla nostra storia. Fra me e Matteo c'è una dialettica continua e questo pluralismo ci aiuta a mantenere l'apertura, per rispecchiare le differenze della clientela.

«*Cracco* in futuro sarà sempre più plurale. Penso a una sorta di ristorante-matrioska che contenga tanti ristoranti al suo interno, uniti da una comune cifra innovativa. Milano con il suo dinamismo è la migliore delle piazze per un ristorante di ricerca, da tanto tempo sognavo di tornarci e mi ha regalato cinque anni di crescendo ininterrotto. Mi hanno appena assegnato l'Ambrogino d'oro, un riconoscimento importante, forse prematuro: ha sancito il momento felice del ristorante e la sua sintonia con la città, che per me è fondamentale.

«In questo momento stiamo lavorando su più piste: dopo il tuorlo l'albume, e poi l'universo delle paste-non-paste, dal pesce alle carni, dalle verdure alla pasticceria. Non possiamo più ripetere i piatti del passato, perché gli ingredienti sono cambiati e noi con loro; ma non vogliamo neppure scivolare nella moda.

«Tutto ciò che va di moda finisce per scadere nello standard e rapidamente tramonta, a cominciare dagli elementi inessenziali, che sono i più caduchi e mostrano per primi le corde. Dietro i nostri piatti però c'è sempre una mole di lavoro mentale e manuale che mangiando si sente, e forse fa la differenza».

La cucina

Microfisica del menu

Pare che Goethe fosse una buona forchetta: i suoi romanzi non disdegnano l'argomento culinario, spesso descritto con un certo pathos. Nessuno tuttavia ha mai pensato alle analogie fra la sua *Teoria dei colori* e l'orologeria di un menu ben congegnato: i sapori si definiscono l'un l'altro, come le parole in una frase e i cromatismi in pittura.

«Ogni singolo colore stimola nell'occhio, mediante una sensazione specifica, l'aspirazione alla totalità. Per conseguire questa totalità, per appagarsi, l'occhio cerca accanto a ogni zona di colore una zona incolore, sulla quale produrre il colore richiamato dalla prima. Questa è la legge fondamentale dell'armonia cromatica».

Non succede lo stesso a tavola, quando un cibo suscita in noi una voglia immediatamente conseguente?

Ma come nell'universo fisico non esiste alcun fenomeno nel quale la totalità dei colori sia già predisposta (neppure l'arcobaleno, cui mancherebbe...) e il pittore è costretto a ricrearla usando carta e pennelli, così il cuoco ha un duro lavoro da affrontare. Dov'è mai il cibo perfetto, capace di sollecitare l'intera gamma delle sensazioni di cui saremmo capaci?

Starà allo chef costruirlo, mettendo in campo un peculiare gioco di contrasti; anch'egli potrà agire sul piano della simultaneità, all'interno dei singoli piatti, oppure in successione, nell'arco del menu.

«L'ideazione del menu», sostiene Cracco, «è un momento complesso. I vecchi cuochi l'hanno raffigurato come una curva ascendente, ma il crescendo può seguire ritmi diversi. Per questo preferisco costruirlo a partire dal piatto finale, per poi risalire fino all'antipasto.

«Al cliente chiedo: "Con cosa vuole finire?". Perché il secondo è il momento più spinoso, dove si manifesta ogni idiosincrasia. Ma è da lì che bisogna partire per regolare il passo in un crescendo uniforme: prima di una carne bianca non metterò una frattaglia, né prima di un pesce un crostaceo saporito... Il dessert può riprendere il filo degli aromi, e penso al *Semifreddo di ricotta al tartufo*; ma il cerchio va chiuso con un elemento salato, per un finale di bocca pulito.

«Oggi i piatti sono multifunzionali: il salato e il dolce si sono avvicinati, ma anche la distinzione fra antipasti, primi e secondi è svaporata, trasformando il mondo delle paste. Come si classificano i miei *Paccheri di gruyère*? Un primo, perché si tratta pur sempre di paccheri, una pietanza o un dessert, perché la base è il formaggio? È una "gastro-anomia" che lascia spazio al cuoco per giocare».

La piramide alimentare

Dall'ontologia cinese dello *yin* e *yang* alla medicina galenica degli umori, dal vitto pitagorico alla dieta ayurvedica, l'uomo è da sempre alla ricerca della formula della perfetta nutrizione, garanzia di equilibrio fra anima e *physis*, doni naturali e corpo umano.

La nostra è l'epoca della piramide alimentare: combinazione di cibi e sapori in proporzioni ideali. Ed è significativo che nel rinverdire l'utopia della buona alimentazione, la modernità ricorra alla piramide, simbolo del pensiero che irradia in ogni direzione, sintesi di fisicità, ragione, spirito.

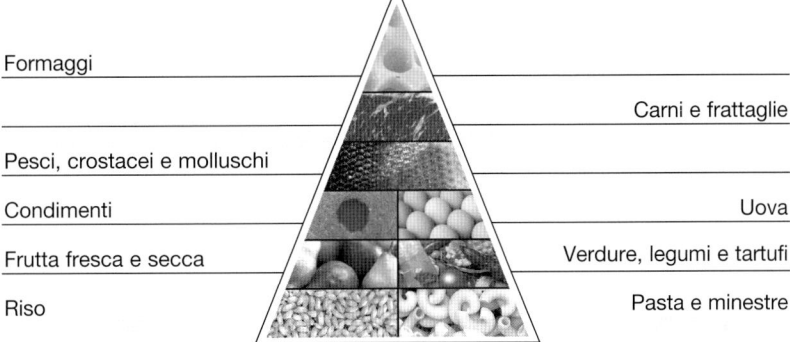

La prima piramide alimentare, messa a punto nel 1992 dal Ministero dell'agricoltura degli Stati Uniti, ha generato mille varianti. Noi intendiamo rivisitarla in chiave gastronomica. Ordinati in gradini, secondo la distinzione in portate, i diversi elementi sono preziosi per stabilire il crescendo del menu (riso, minestre e paste, a seguire verdura, frutta e condimenti, quindi uova, carne o pesce e per finire formaggi). Verranno inoltre considerate le caratteristiche organolettiche essenziali, la cui combinazione, peculiare a ogni ricetta, consentirà di evitare la ripetizione di sensazioni affini.

Sulle orme di Goethe, Johannes Itten ha individuato 7 tipi di contrasto: fra colori puri, chiari e scuri, freddi e caldi, complementari, di simultaneità, quantità e qualità. E la cucina?

Carlo Cracco per il momento è arrivato a 8: ovvero 4 sapori fondamentali (dolcezza, acidità, sapidità, amarezza) e 4 caratteristiche di natura tattile/olfattiva (croccante, liquidità, temperatura, speziatura). Otto tipi di chiaroscuro da bilanciare nell'ideazione di piatti e menu, perché ogni elemento trovi il suo risalto nel grande affresco del pasto. Ritroverete queste indicazioni a margine del commento alle ricette più significative, per potere costruire dei menu degni di uno chef.

"Chiamano il riso i Greci ''Opyza, i Latini Oryza, gli Arabi Arz e Arzi, i Tedeschi Reisz, gli Spagnoli Arroz, i Francesi Ris...", scriveva nel Cinquecento il botanico Pierandrea Mattioli: una stessa radice (dallo stato indiano di Orissa, noto esportatore fin dall'antichità) per oltre seimila varietà diverse. Gli chef italiani preferiscono chiamarlo risotto, soprattutto se sono nati o lavorano nelle regioni delle risaie, dal Veneto alla Lombardia, la cui rete fu disegnata da Leonardo da Vinci in persona. Per Carlo Cracco quindi non è stato un amore casuale:

«Il riso è un ingrediente con il quale sono nato. In Veneto è il piatto di resistenza con il quale ci si sfama; un tempo nelle case dei contadini veniva preparato con qualsiasi cosa, dai fegatini ai finocchi, ai bruscandoli, come faccio anch'io da *Cracco*. Dà una grande soddisfazione, è estremamente versatile e può abbinarsi con tutti gli ingredienti: è il foglio bianco perfetto per le fantasie di uno chef.

«Quando vai alla scuola alberghiera, da ragazzino, la prima cosa che ti chiedono è se vuoi stare ai primi o ai secondi. Io non ho mai avuto esitazioni: volevo fare il risotto, perché già allora mi sembrava un piatto complesso, con una tecnica tutta sua che non ti consentiva di sgarrare, dalla tostatura alla mantecatura. Era il piatto di tutti i giorni, ma era anche un banco di prova. Risi e bisi ad esempio è complicatissimo, con il suo equilibrio fra untuosità e liquidità, perché il brodo alla fine deve essere legato. Col tempo ho scoperto i risi del resto del mondo, dal Nishiki al riso selvaggio, dal Venere al Basmati, e ho iniziato a utilizzarli. A Milano si preferisce il Carnaroli, ma personalmente ho un debole per il Vialone nano, la varietà tipica delle mie zone. Ha chicchi piccoli e rotondi, quindi la cottura è più uniforme e l'effetto in bocca diversissimo rispetto ai superfini, che hanno una superficie maggiore. Sembrano quasi delle perline rispetto ai bastoncini, da come ti rotolano in bocca».

Riso

Risotto con acciughe e limone, cacao al peperoncino

Ingredienti (per 4 persone)

Riso Carnaroli g 240
Acciughe sott'olio g 50
Massa di cacao puro g 50
Peperoncino 1 pizzico
Scalogno piccolo 1
Limone 1 (la scorza)
Vino bianco secco ½ bicchiere
Mascarpone g 50
Burro g 45
Sale e pepe qb

Utensili

Coppapasta
Spatola

Tempo totale: 45'

Preparazione

20'

1. In un pentolino fondete a bagnomaria la massa di cacao, stendetela su un foglio di carta da forno con una spatola e unite il peperoncino con un pizzico di sale. Fate asciugare la lamina di cioccolato dello spessore di 1 mm così ottenuta e ricavate dei dischi con un *coppapasta* rotondo liscio.

2. Tritate lo scalogno. Grattugiate la scorza del limone.

3. In un piccolo tegame fate sciogliere le acciughe a fuoco lento, fino a ridurle in una pasta.

Finitura

25'

Fate *appassire* in una padella lo scalogno tritato con il burro, unite il riso e *tostatelo* leggermente. *Sfumate* con vino bianco secco e proseguite la cottura per 15 minuti circa, unendo gradualmente 5 dl di acqua bollente poco salata; alla fine regolate di sale e di pepe. Togliete dal fuoco e *mantecate* con il mascarpone. Spalmate la pasta d'acciughe sul fondo del piatto, spolverizzate con la scorza del limone, versate sopra il risotto e stendetelo. Completate disponendo il disco di cioccolato al centro.

Un piatto ricco di sfaccettature, dalla grassezza del mascarpone alla sapidità delle acciughe, dalle note fresche degli agrumi al contrasto dolce/amaro del cacao, al tocco piccante del peperoncino, che ne esalta l'insieme. Occorre un vino complesso e strutturato per la speziatura dolce e le nuance vanigliate del legno, come uno Chardonnay elevato in barrique di Allier.

DOLCE/SALATO/AMARO

Riso al salto con polpette di vitello e cavolo pigna

Ingredienti (per 4 persone)

Riso Carnaroli g 80
Macinata di vitello g 100
Cavolo pigna 1
Uovo 1
Parmigiano reggiano
grattugiato g 40
Aglio 1 spicchio
Vino bianco dl 1
Brodo vegetale* dl 4
Sugo di vitello* dl 1
Burro g 30
Olio extravergine di oliva qb
Sale e pepe bianco qb

Utensili

Spatola
4 stampini rotondi (diametro cm 7)

Tempo totale: 55'

Preparazione

35'

1. *Tostate* il riso a fuoco vivo in una casseruola con una noce di burro, poi *sfumate* con vino bianco.

2. Coprite con brodo vegetale (ricetta di base) bollente e cuocete per 14 minuti, unendo altro brodo all'occorrenza.

3. *Mantecate* con un filo di olio extravergine di oliva, 10 g di burro e 30 g di Parmigiano reggiano grattugiato; regolate di sale e di pepe.

4. Distribuite il risotto dentro stampini rotondi del diametro di 7 cm, sopra una placca, e fatelo raffreddare in frigorifero.

5. Impastate la macinata di vitello con l'uovo, 10 g di Parmigiano, sale e pepe. Formate delle polpettine da 10 g ciascuna.

6. Mondate il cavolo pigna e staccate 12 cimette.

Finitura

20'

Rosolate i tortini di riso in una padella antiaderente su entrambe le facce con un filo di olio extravergine di oliva, in modo che risultino croccanti; a metà cottura girateli con una spatola. A parte *spadellate* le cimette di cavolo pigna con l'aglio, un filo di olio extravergine di oliva e un pizzico di sale. Aggiungete le polpette e proseguite la cottura per circa 6 minuti. Per finire *glassate* con il sugo di vitello (ricetta di base). Disponete le polpette e le cimette di cavolo sul tortino, precedentemente scaldato, e servite.

Un piatto variegato, con un gusto soave molto intenso e un finale amarognolo. Il suo abbinamento ideale è un Lagrein riserva maturo, grazie alle note fruttate, alla speziatura dolce, al gusto rotondo e al finale ammandorlato.

Crema di riso e zafferano con midollo e cacao nero

Ingredienti (per 4 persone)

Riso Carnaroli g 60
Midollo 4 pezzi
Panna dl 4
Pistilli di zafferano g 1
Cioccolato fondente
(con il 70% di cacao) g 10
Sale di Maldon qb
Sale qb

Utensili

Bimby o mixer
Piastra
Setaccio

Tempo totale: 45'

Preparazione

35'

1. Cuocete il riso nella panna bollente per 20 minuti, in una casseruola o nel robot da cucina *Bimby*.

2. Frullate l'insieme, passate al setaccio, regolate di sale, aggiungete lo zafferano e proseguite la cottura per 10 minuti.

3. Grattugiate il cioccolato fondente.

Finitura

10'

Estraete il midollo dall'osso e scottatelo sulla piastra su entrambe le facce. Distribuite la crema di riso nelle fondine, disponete il midollo al centro, salate con *sale di Maldon* e guarnite tutto intorno con cioccolato grattugiato.

La tendenza grassa e gelatinosa del midollo si prolunga nell'aromaticità del cacao e dello zafferano, per terminare con il gusto soave del riso, su un leggero sfondo acidulo. È necessario un vino morbido e persistente, leggermente sapido e minerale, con un bouquet ricco e un finale di bocca pieno, ad esempio un Verdicchio dei Castelli di Jesi di buona evoluzione, leggermente barricato per una maggiore morbidezza.

LIQUIDO/DOLCE/AMARO/SPEZIATO

Timballo di albume, orzo perlato e ostriche

Ingredienti (per 4 persone)

Orzo perlato g 120
Scorza d'arancia 1 striscia
Ostriche 4
Germogli di spinaci 12
Albume g 60
Panna g 30
Olio extravergine di oliva qb
Sale e pepe bianco qb

Utensili

Colino
Coltellino per aprire le ostriche
Spatola
Stampi rotondi
(diametro cm 5, altezza cm 2)
o rettangolari (cm 2 x 8 x 3)

Tempo totale: 40'

Preparazione

30'

1. Cuocete l'orzo perlato per circa 25 minuti in acqua bollente salata con l'aggiunta della scorza d'arancia.

2. Nel frattempo aprite le ostriche con l'apposito coltellino e mettete da parte la loro acqua, filtrandola con un colino. Mondate i germogli degli spinaci.

3. Fate raffreddare l'orzo cotto, poi unite l'albume, la panna e 20 g di acqua di ostrica; salate, pepate e mescolate il tutto.

Finitura

10'

Cuocete il composto in una padella antiaderente con un filo di olio extravergine di oliva, all'interno di stampi rotondi o rettangolari oliati; a metà cottura girateli. Sfilate gli stampi, prelevate i timballi con una spatola e disponeteli sui piatti. Adagiatevi le ostriche e un mucchietto di spinaci, precedentemente conditi con un pizzico di sale e un filo di olio. Servite i timballi tiepidi.

Un elegante piatto tono su tono, movimentato dal contrasto fra la sapidità iodata delle ostriche crude e la delicatezza dei piccoli timballi di orzo, albume e panna, con la loro tendenza dolce. Può essere abbinato, secondo tradizione, con un Trento classico.

Crema di riso Venere, capperi essiccati e ricci di mare

Ingredienti (per 4 persone)

Riso Venere g 60
Capperi essiccati g 10
Polpa di ricci di mare g 100
Panna l 1
Riso soffiato g 20
Sale qb

PER L'OLIO AL PREZZEMOLO
Prezzemolo in foglie g 200
Olio extravergine di oliva g 100

Preparazione

1^{h}05'

1. Cuocete il riso Venere nella panna bollente per almeno 50 minuti, in una casseruola o nel *Bimby*.

2. Frullate l'insieme, passate al setaccio e regolate di sale.

3. Tritate i capperi essiccati.

4. Frullate le foglie di prezzemolo con l'olio extravergine di oliva e passate il liquido con un colino.

Finitura

05'

Servite la crema nelle fondine e decoratela con la polpa dei ricci di mare, i capperi essiccati tritati, il riso soffiato e l'olio al prezzemolo.

La tendenza dolce della crema di riso è chiusa dalle note sapide e persistenti dei capperi e dei ricci di mare. Si fonderanno piacevolmente con il gusto secco, il finale speziato e ammandorlato di un Trebbiano d'Abruzzo.

LIQUIDO/DOLCE/SPEZIATO

Utensili

Bimby o mixer
Colino
Frullatore
Setaccio

Tempo totale: 1^{h}10'

Risotto allo zafferano con midollo alla piastra

Ingredienti (per 4 persone)

Riso Carnaroli g 240
Midollo pezzi 4
Scalogno 1
Vino bianco ½ bicchiere
Pistilli di zafferano g 2
Brodo di manzo* l 1,5
Parmigiano reggiano grattugiato g 40
Burro g 100
Sale e pepe qb

Preparazione

30'

1. Tritate lo scalogno.

2. Fate *appassire* in una casseruola lo scalogno con 40 g di burro; unite il riso, *tostatelo* leggermente e *sfumate* con vino bianco. Aggiungete lo zafferano e piano piano il brodo di manzo (ricetta di base) bollente.

3. Cuocete per 15-17 minuti, togliete dal fuoco e lasciate riposare per un minuto.

4. *Mantecate* con 60 g di burro e Parmigiano reggiano grattugiato. Regolate di sale e di pepe.

Nel frattempo cuocete i pezzi di midollo senz'osso su entrambe le facce in una padella antiaderente, in modo che si formi una crosticina sottile.
Servite il risotto posizionando il midollo al centro.

Il gusto del piatto è netto, grazie alla speziatura dello zafferano e al contrasto grasso/acidulo innescato dal midollo, sullo sfondo a tendenza dolce del riso. L'abbinamento ideale è una Nosiola del Trentino secca.

Tempo totale: 30'

Insalata di riso Basmati con avocado, ricci di mare e mandorle

Ingredienti (per 4 persone)

Riso Basmati g 160
Avocado maturi 2
Polpa di ricci di mare g 60
Mandorle fresche sgusciate g 50
Foglie di menta 6
Peperoncino in polvere qb
Olio extravergine di oliva g 80
Sale e pepe qb

Utensili

Frullatore
Stampini rettangolari
(cm 2 x 10 x 5)

Tempo totale: 45'

Preparazione — 35'

1. Cuocete il riso in abbondante acqua salata, scolatelo e mettetelo da parte.

2. Frullate la polpa di un avocado con olio extravergine di oliva e poca acqua; regolate di sale e di pepe.

3. Tagliate a *julienne* le foglie di menta e pelate le mandorle sgusciate.

4. Mondate anche il secondo avocado e tagliatelo a cubetti. Mescolatelo in una ciotola con le mandorle, la menta, il peperoncino e poco sale.

Finitura — 10'

Prendete uno stampino rettangolare, riempitelo per 3/4 di riso e copritelo con la purea di avocado. Sfilate lo stampino e spargete tutt'intorno i cubetti di avocado con le mandorle e la menta. Completate il piatto aggiungendo in cima i ricci di mare e un pizzico di peperoncino a piacere.

Un piatto ricco di contrasti, dall'aromaticità del riso Basmati alla nota zuccherina e acidula dell'avocado, dalla sapidità dei ricci di mare al tocco ammandorlato. Occorre un vino complesso, persistente e morbido, con un bouquet semiaromatico e dolce, per esempio un blend di Inzolia e Catarratto.

Dalla scomunica futurista di Marinetti, che l'ha eletta emblema del "quotidianismo mediocrista dei piaceri del palato", al lungo ostracismo di Gualtiero Marchesi, la pasta, il piatto simbolo della cucina italiana, non ha avuto vita facile con i grandi chef.

«Gli spaghetti probabilmente sono il mio piatto preferito, ma per tanti anni mi sono sembrati un ingrediente un po' chiuso, al contrario del riso, che è molto più plasmabile. Avevo l'impressione che vincolassero troppo la fantasia dello chef: a prescindere dal condimento, vuoi con il caviale, vuoi con aglio, olio e peperoncino, erano un piatto che non andava assolutamente snaturato. Per questo all'inizio abbiamo puntato sui ravioli, che racchiudono un sapore e una consistenza sconosciuti sotto un velo, quindi trasmettono un senso di scoperta, direi quasi un'emozione un po' mistica. Quando poi abbiamo inventato il tuorlo marinato, non sapevamo cosa fare con gli avanzi e abbiamo provato a trasformarli in sfoglie. L'idea ci è piaciuta e abbiamo deciso di applicarla anche al pesce e al formaggio. Il condimento è diventato la base, l'accidente la sostanza, il complemento il soggetto: era la pasta-non pasta.

«Nel campo dei primi, anche le minestre sono un'opportunità da sfruttare, perché la liquidità favorisce la massima intimità con l'ingrediente e la sua temperatura, è un modo perfetto per veicolare i sapori. Il ristretto di liquirizia che viene servito con le capesante presenta in modo nuovo gli ingredienti del piatto, nella forma assemblata e simultanea di un riassunto; è la versione tonale di fronte a quella timbrica, come direbbe Marchesi. Altri piatti hanno consistenze vellutate, che piacciono a tutti e sono facilitate dalle nuove tecnologie. Sono strutture facili nell'approccio, che danno una sensazione quasi primordiale, simile a una pappa; è divertente applicarle a gusti difficili ed adulti come quello delle uova di seppia, che hanno una consistenza ostica, direi quasi gommosa».

Pasta

Pizza margherita con midollo e ricci di mare

Ingredienti (per 4 persone)

PER LA PASTA
Farina 00 g 500
Lievito di birra g 20
Acqua dl 2,5
Zucchero g 10
Olio extravergine di oliva g 50
Sale g 10

PER LA SALSA
Pomodori pelati g 250
Aglio 1 spicchio
Olio extravergine di oliva
1 cucchiaio
Sale e pepe qb

PER GUARNIRE
Mozzarelle di bufala 2
Lingue di ricci di mare 24
Fettine di midollo di vitello 12
Foglie di crescione 12

Utensili

Bastardella
Cerchio (diametro cm 15)
Impastatrice
Macchinetta per stendere la pasta
Mixer

Tempo totale:
escluso il tempo per la lievitazione
e il riposo dell'impasto (1ʰ)

Preparazione

20'

1. Per la pasta, *stemperate* il lievito di birra sbriciolato in 1/2 dl di acqua tiepida. Riunite in una *bastardella* tutti gli ingredienti e intrideteli con altri 2 dl di acqua tiepida, lavorando l'impasto per 10 minuti fino a ottenere un composto liscio e omogeneo.

2. Fatelo riposare al coperto per 30 minuti, stendetelo finemente con l'apposita macchinetta e ricavate dei dischi del diametro di 15 cm servendovi di un cerchio. Stendeteli su una placca da forno infarinata e lasciateli a riposo per altri 20 minuti.

3. Per la salsa, schiacciate i pomodori con una forchetta, all'interno di una *bastardella*, unendo l'aglio (che poi andremo a togliere dopo circa 5 minuti), il sale, 1 pizzico di pepe e 1 cucchiaio di olio extravergine di oliva.

4. Stendete un cucchiaio della salsa al pomodoro così ottenuta sui dischi di pasta. Tritate grossolanamente la mozzarella con un coltello e spargetela sulla superficie. Finite di guarnire con ricci di mare e fettine di midollo.

Finitura

10'

Cuocete le pizze direttamente sulla placca alla temperatura di 190 °C per circa 4 minuti. All'uscita dal forno decoratele con le foglie di crescione.

Le caratteristiche chiave di questo piatto sono la grassezza del midollo e la sapidità dei ricci, sullo sfondo a tendenza dolce della pizza. L'effervescenza, il fruttato e la freschezza di un Lambrusco reggiano serviranno a spezzarli.

30'

Ravioli di latte di capra con cipollotto, sedano e tartufo nero

Ingredienti (per 4 persone)

PER LA PASTA
Farina 00 g 500
Tuorli d'uovo 8
Uovo intero 1
Olio extravergine di oliva g 20
Sale qb

PER LA CAGLIATA
Latte di capra l 1
Caglio 1 cucchiaino da tè

PER IL CONDIMENTO
Cipollotto 1
Costa di sedano 1
Tartufo nero 1 (g 40)
Aglio 1 spicchio
Sugo di vitello* dl 0,5
Olio extravergine di oliva qb
Sale e pepe qb

Utensili

Colino
Coppapasta liscio (diametro cm 5)
Tasca da pasticcere
Termometro da cucina

Tempo totale:
escluso il tempo
per la cagliata (1ʰ)

1ʰ

Preparazione

40'

1. Scaldate il latte di capra alla temperatura di 35 °C, unitevi il caglio, lasciate rapprendere il composto per un'oretta e fatelo scolare in un colino, per separare "il fiore" dal siero.

2. Fate raffreddare la cagliata e riponetela in un sacchetto al fresco.

3. Preparate una pasta fresca con farina, uova, 20 g di olio extravergine di oliva e un pizzico di sale.

4. Tirate due sfoglie: sulla prima distribuite delle "nocciole" di cagliata di capra con una *tasca da pasticcere* e copritele con la seconda. Ricavatene dei ravioli servendovi di un *coppapasta* liscio del diametro di 5 cm e richiudeteli sagomandoli a forma di bottone.

5. Pelate, snervate e affettate finemente la costa di sedano, mettendo da parte le foglie. Pulite e tagliate a rondelle il cipollotto e il tartufo.

Finitura

20'

Fate *appassire* in una casseruola il cipollotto, il sedano, l'aglio, sale, pepe e un filo d'olio. Cuocete i ravioli per 3 minuti in acqua bollente salata, scolateli e gettateli nel condimento precedentemente preparato; fateli insaporire prima di aggiungere il tartufo nero e, per finire, il sugo di vitello (ricetta di base) con le foglie di sedano.

Un piatto profumato, leggermente acido e dolce, grazie alla cagliata di latte di capra. Può essere degustato con un Fiano di Avellino maturo elevato in barrique, per le note minerali e sapide di salvia, lime e pepe bianco sullo sfondo del gusto pieno del legno.

Ravioli di cotechino, verza e patate americane

Ingredienti

PER LE PATATE
Patate americane g 300
Lamponi freschi g 35
Zucchero g 35
Aceto 1 cucchiaio
Sale g 2

PER LA FARCIA
Cotechino cotto g 200
Verza g 200
Cipolla g 50
Olio extravergine di oliva qb
Sale e pepe qb

PER LA PASTA
Farina 00 g 500
Tuorli d'uovo 8
Uovo 1
Olio extravergine di oliva g 20
Sale qb

Sugo di vitello* dl 1
Cimette di broccolo fiolaro
lesso 12

Utensili

Coppapasta rotondo liscio
Frullatore
Pelapatate

Tempo totale:
escluso il tempo
della *macerazione* (2^h circa)

Preparazione

2^h

1. Pelate le patate e tagliatele a cubetti di 5 mm di lato (ne occorreranno circa 200 g). Sistematele sul fondo di una terrina e unite lo zucchero, l'aceto, 2 g di sale e, per finire, i lamponi brevemente sciacquati. Lasciate *macerare* gli ingredienti per almeno 2 ore al fresco, poi metteteli in una casseruola e fateli cuocere per 20 minuti.

2. Nel frattempo preparate la purea di verza stufata: mondate e spezzettate grossolanamente la verza, fate appassire la cipolla tritata con un filo di olio, unitevi la verza e lasciatela insaporire. Coprite a filo d'acqua, salate e cuocete per almeno 1 ora. Versate la verdura nel frullatore e riducetela in purea.

3. Pesate 80 g di purea di verza, unitevi il cotechino cotto sbriciolato, regolate di sale e di pepe e mescolate, in modo da ottenere una farcia omogenea.

4. Preparate una pasta fresca con farina, uova, olio extravergine di oliva e un pizzico di sale.

5. Tirate la sfoglia, distribuitevi sopra delle nocciole di ripieno e ritagliate dei dischetti servendovi di un *coppapasta* liscio. Sigillate i ravioli in modo da ricavare dei fagottini.

Finitura

10'

Cuocete i ravioli per 3 minuti in acqua bollente salata e *saltateli* in padella con il sugo di vitello (ricetta di base). A parte scaldate le patate rimaste, che distribuirete nei piatti insieme con i ravioli. Completate con le cimette di broccolo fiolaro o con un'altra verdura verde.

$2^h 10'$

Un piatto sontuoso, dal sorprendente gusto speziato. Sposa un Lagrein maturo per i profumi fruttati e speziati, che richiamano il condimento, e il gusto morbido e persistente, segnato dalla mineralità.

SPEZIATO/ACIDO

Gnocchi di patate croccanti con trippe di baccalà stufate

Ingredienti (per 4 persone)

PER GLI GNOCCHI
Patate g 500
Farina g 150
Parmigiano reggiano
grattugiato g 20
Uova intere 2
Noce moscata 1 pizzico
Sale g 15

PER IL CONDIMENTO
Trippe di baccalà g 250
Spinaci g 40
Sedano g 30
Carota g 30
Cipolla g 30
Aglio in camicia 1 spicchio
Mazzetto guarnito 1
(gambi di prezzemolo, verde
di porro, alloro, rosmarino e salvia)
Vino bianco dl 1
Burro g 20
Olio extravergine di oliva qb
Sale qb

PER GUARNIRE
Patate g 100
Olio extravergine di oliva qb

Utensili

Bastardella
Schiacciapatate

Tempo totale:
escluso il tempo per dissalare
il baccalà (2ʰ)

Preparazione

$1^h 30'$

1. Lessate 500 g di patate, sbucciatele e schiacciatele; impastate la purea con farina, Parmigiano, uova, sale e noce moscata. Formate degli gnocchi.

2. Mettete le trippe di baccalà in una *bastardella* e fatele dissalare sotto un filo di acqua corrente per almeno 2 ore. Ricavatene quindi dei quadrati regolari di cm 2 x 2, eliminando l'eccedente.

3. Mondate gli spinaci. Pulite sedano, carota e cipolla, poi tagliateli a *brunoise* regolare. Fate *appassire* gli odori con un filo d'olio extravergine di oliva, l'*aglio vestito* e il mazzetto guarnito; unite le trippe, fatele insaporire per 5 minuti, poi bagnate con il vino bianco e *sfumate*. Coprite con acqua abbondante e proseguite la cottura per circa 1 ora.

4. Nel frattempo affettate finemente le altre patate e friggetele nell'olio extravergine di oliva, in modo da ricavare delle chips croccanti.

Finitura

$10'$

Mentre le trippe si cuociono, lessate gli gnocchi in acqua bollente salata. Dopo averli scolati, fateli *rosolare* in una padella antiaderente con una noce di burro. *Saltate* gli spinaci con poco olio extravergine di oliva e un pizzico di sale, disponeteli sui piatti e adagiatevi gli gnocchi seguiti dalle trippe stufate. Decorate con le chips di patate fritte.

$1^h 40'$

Non è facile servire gnocchi di patate impeccabili con una quantità ridotta di farina: la scelta di ripassarli in padella non serve tanto a rivisitare il piatto, quanto a fissare il gusto all'interno di una consistenza croccante. L'abbinamento ideale è un Pinot nero dell'Alto Adige, per il corpo pieno ed elegante, la soavità dei profumi e la dolcezza dei tannini, sorretti da una lieve nota acida, che amalgama l'insieme.

CROCCANTE/LIQUIDO/DOLCE

Zuppa di broccolo fiolaro di Creazzo
con cozze, vongole e mezzi rigatoni

Ingredienti (per 4 persone)

Broccolo fiolaro g 300
Vongole veraci g 100
Cozze nostrane g 100
Mezzi rigatoni g 80
Scalogni grigi 3
Vino bianco dl 2
Olio extravergine di oliva qb
Sale e pepe qb

Utensili

Frullatore o *Bimby*

Tempo totale: 45'

Preparazione

25'

1. Staccate le cimette del broccolo fiolaro. Tritate gli scalogni.

2. *Fate sudare* gli scalogni con poco olio extravergine di oliva, aggiungete la verdura e fatela insaporire per 5-6 minuti.

3. Coprite di acqua a filo, salate e cuocete a fuoco vivo per 5-6 minuti. Versate il tutto nel frullatore o nel *Bimby* e azionate, fino a ottenere una vellutata.

4. Lessate i mezzi rigatoni in acqua bollente salata. Friggetene una manciata nell'olio extravergine di oliva, fino a doratura.

Finitura

20'

In due tegami a parte fate aprire separatamente le cozze e le vongole con un filo d'olio extravergine di oliva e 1 dl di vino bianco cadauno. Estraete i molluschi e conservateli con la loro acqua di cottura. Riscaldate la zuppa, regolate di sale e guarnite con i rigatoni lessi e fritti, i frutti di mare, poca acqua di governo e un filo di olio extravergine di oliva.

Ecco un esempio di cucina evocativa: il broccolo fiolaro è un prodotto tipico del Vicentino e ancora oggi me lo procura mio padre; ha un gusto diversissimo dal broccolo comune ed è privo di infiorescenze. Un tempo passava inosservato, ma con la riscoperta delle tipicità l'ho rivalutato, anche con il foie gras. Ha sapori netti, come i mitili della ricetta, che può essere abbinata a un Franciacorta Satèn per la raffinatezza e la setosità.

DOLCE/AMARO

Spaghetti di patate con alici marinate e puntarelle

Ingredienti (per 4 persone)

PER LA PASTA
Patate g 500
Farina g 200
Uova intere 2
Noce moscata 1 pizzico
Sale g 15

PER IL CONDIMENTO
Alici 12
Puntarelle g 200
Parmigiano reggiano
grattugiato g 30
Vino bianco g 10
Aglio in camicia 1 spicchio
Olio extravergine di oliva g 30
Sale qb

Utensili

Schiacciapatate

Tempo totale:
escluso il tempo
per la *marinatura* (2^h)

$1^h20'$

Preparazione

1^h

1. Aprite le alici a metà, *sfilettatele* e fatele *marinare* per 2 ore al fresco con 20 g di olio extravergine di oliva, vino bianco e poco sale, su una placca coperta di pellicola da cucina.

2. Lessate le patate, sbucciatele e riducetele in purea con lo schiacciapatate. Impastatele con farina, uova, Parmigiano grattugiato, sale e noce moscata.

3. Tirate delle sfoglie dello spessore di 1/2 cm, lunghe 10 cm. Tagliate con un coltello delle fettuccine della larghezza di 1/2 cm e arrotolatele con le mani su un piano, in modo da formare degli spaghetti.

4. Mondate le puntarelle. Staccate le cimette più piccole.

Finitura

20'

Spadellate le puntarelle con un goccio d'olio, lo spicchio di *aglio in camicia* e 1 pizzico di sale per 3 minuti; cuocete gli spaghetti in abbondante acqua salata per due minuti, scolateli e *saltateli* nel condimento preparato. Completate il piatto disponendo in cima le alici tagliate a metà e un filo di marinatura.

I tratti dominanti del piatto sono la farinosità delle patate, l'aromaticità sapida delle alici e la nota amara finale delle puntarelle. Sposano un Gewürztraminer dell'Alto Adige, per la carica aromatica e la complessità gustativa.

Capesante con finocchi e ristretto alla liquirizia

Ingredienti (per 4 persone)

PER IL RISTRETTO ALLA LIQUIRIZIA
Finocchi g 100
Fumetto di pesce* dl 2
Radice di liquirizia g 5
Sale qb

Noci di capesante pulite 8
Finocchi baby 8
(oppure 8 spicchi
del cuore di un finocchio)
Foglio di *pasta phillo* 1
Aglio 1 spicchio
Brodo vegetale* dl 1
Burro g 20
Olio extravergine di oliva qb
Sale di Maldon qb
Sale qb

Utensili

Pennello
Piastra
Tazze da consommé
Termometro da cucina

Tempo totale:
escluso il tempo d'infusione
(4h circa)

45'

Preparazione

25'

1. Per il ristretto alla liquirizia, pulite i finocchi e tagliateli a spicchi. Scaldate il fumetto di pesce (ricetta di base); unite i finocchi e la radice di liquirizia e mantenete a 80 °C per circa 4 ore.

2. Tritate i finocchi cotti, senza le loro parti legnose, e conditeli con un goccio di olio extravergine di oliva, sale e pepe. Spennellate leggermente d'olio un foglio di *pasta phillo*, distribuitevi sopra delle "nocciole" di finocchi (un cucchiaio scarso) e formate 8 fagottini triangolari.

3. Mondate i finocchi baby.

Finitura

20'

Condite le noci delle capesante con poco olio extravergine di oliva e 1 pizzico di sale. Doratele su entrambe le facce sulla piastra rovente. *Spadellate* i finocchi baby interi con poco brodo vegetale (ricetta di base), aglio e un pizzico di *sale di Maldon*. Dorate i fagottini di pasta phillo in una padella con un fondo d'olio. Impiattate la verdura e adagiate su un lato le noci delle capesante e i fagottini. Legate il fondo di cottura dei finocchi baby con una noce di burro e *salsate*. Servite il ristretto alla liquirizia tiepido dentro tazze da consommé.

Un piatto complesso e contrastato, grazie alla freschezza dei finocchi, all'aromaticità della liquirizia e alla tendenza dolce e succulenta delle capesante. Tratti questi che si esaltano con un Franciacorta millesimato da uve Pinot Nero (per il corpo pieno e rotondo) e Chardonnay (per l'eleganza e la finezza).

LIQUIDO/SPEZIATO

Minestra di birra con bruscandoli e uova di seppia alla piastra

Ingredienti (per 4 persone)

Birra lager dl 7,5
Bruscandoli g 300
Uova di seppia piccole 24
Cipolla g 65
Uovo intero 1
Panna dl 0,8
Burro g 40
Olio extravergine di oliva qb
Sale e pepe qb

Preparazione

35'

1. Tritate la cipolla; staccate le cimette dei *bruscandoli*. Sbattete l'uovo con la panna.

2. Soffriggete la cipolla con il burro, poi aggiungete i bruscandoli e fateli insaporire per alcuni minuti.

3. Bagnate con la birra e proseguite la cottura per 8 minuti. Unite il composto di uovo e panna e mescolate delicatamente con una frusta, in modo che si rapprenda nella forma di una stracciatella. Salate e pepate.

Finitura

10'

Ungete con un goccio d'olio le uova di seppia e grigliatele su entrambe le facce sulla piastra. Distribuite un mestolo di zuppa in ogni piatto fondo, unite le uova di seppia e aggiungete un filo di olio extravergine di oliva.

La tendenza acida della minestra e la succulenza aromatica delle uova di seppia richiedono un vino profumato e avvolgente, segnato da note minerali con un lieve finale zuccherino, ad esempio un Greco di Tufo vendemmia tardiva.

AMARO/SPEZIATO/LIQUIDO

Utensili

Frusta
Piastra

Tempo totale: **45'**

Spaghetti fritti, pomodoro e basilico

Ingredienti (per 4 persone)

Spaghetti n° 5 g 100
Pomodorini di Pachino 20
Foglie di basilico 20
Albumi g 100
Olio extravergine di oliva qb
Sale affumicato g 25
Sale qb

Utensili

Frusta
Friggitrice
Termometro da cucina

Tempo totale: 1^h

Preparazione

50'

1. Cuocete gli spaghetti in abbondante acqua salata per 14 minuti.

2. Scolateli, raffreddateli sotto un getto di acqua fredda e asciugateli servendovi di un canovaccio.

3. *Montate a neve* gli albumi e aggiungete il sale affumicato; stendete poco composto su una placca da forno, adagiatevi i pomodorini, poi copriteli con il resto degli albumi.

4. Cuocete i pomodorini nel forno scaldato a 180 °C per 25 minuti. Terminata la cottura sciacquateli sotto un filo di acqua corrente e tritateli con un coltello, fino a ottenere una salsa.

Finitura

10'

Friggete gli spaghetti lessi in abbondante olio extravergine di oliva a 160 °C, poi regolate di sale; friggete anche le foglie di basilico. Servite con poca salsa di pomodoro e qualche foglia di basilico fritta.

Un elegante gioco sulla pasta: gli spaghetti vengono buttati nell'olio bollente fino a diventare croccanti, per essere poi decorati con due foglie di basilico fritto e conditi con un cucchiaio di purea di pomodoro. Un piatto di grande impatto estetico, che enfatizzando la consistenza della pasta (che più al dente di così non si può) rinnova ironicamente uno dei simboli della cucina made in Italy.

CROCCANTE/DOLCE/SPEZIATO

«Mille volte ho riso gioiosamente entro il mio cuore degli uomini che si immaginano che uno spirito superiore debba necessariamente ignorare come si preparino verdure», ha scritto Hölderlin, descrivendo la donna amata in azione: ben sapeva quanta poesia possa essere racchiusa in un umile vegetale.

«Qualche giorno fa una mia amica mi ha regalato *Asparagi e immortalità dell'anima* di Achille Campanile. Sa bene che adoro gli asparagi, prima di tutto per ragioni di tradizione. In Veneto l'asparago bianco è un'istituzione: è nello stesso tempo dolce ed aromatico e apre un bel ventaglio di possibilità, perché può essere lessato, spadellato, cotto al vapore, arrostito, servito con il pesce e con la carne. Anche le patate sono meravigliose. Il loro trasformismo le rende simili all'uovo: centrifugate danno l'amido per legare, fritte diventano croccantissime, arrosto carnose e succulente, in purè setose; possono essere modellate a forma di gnocchi, sfoglie o tagliatelle; a seconda dei casi sono bianche, gialle, viola o rosse... Le miscellanee sono piatti un po' a parte, le *Verdure in crosta di sale* per esempio. Forse non sono bellissime, perché sembrano quasi spogliate quando escono dalla loro coltre di albume. Alcune le cedono una parte del gusto, altre lo assorbono. Alla fine si ottiene un piatto nudo, dal punto di vista visivo e gustativo: è cotto, ma sembra quasi crudo, perché è l'essenza delle verdure con un semplice giro d'olio.

«Che dire infine del tartufo? Che non c'è niente di meglio? Ho lavorato a lungo nelle Langhe, gli ho dedicato un libro, *L'utopia del tartufo bianco*, e ogni anno è al centro di un menu. Per un cuoco è un momento di studio importante: ti insegna a isolare la componente odorosa e riconsiderarla nelle sue interazioni gustative, ma quanti modi ci sono per valorizzare un semplice profumo? Non mi sono fermato neppure davanti al dolce, credo anzi di essere stato il primo ad averne tratto un dessert nel mio ristorante di Piobesi d'Alba».

Verdure

Verdure in crosta di sale

Ingredienti (per 4 persone)

Fungo porcino 1
Carciofo 1
Pomodoro ramato 1
Scalogno 1
Cavolfiore piccolo 1
Patata Ratta 1
Patata viola 1
Carota grossa 1
Peperone giallo o rosso 1
Cipolla 1
Cavolino di Bruxelles 1
Zucchina 1
Aglio 1 spicchio
Ravanello 1
Rapa bianca baby 1
Albumi g 350
Sale affumicato g 450

Utensili

Frusta
Teglia da forno (altezza cm 5)
o pirofila (in ceramica o pyrex)

Tempo totale: $1^h 40'$

Preparazione

$25'$

1. Mondate le verdure.

2. Tagliate a metà il carciofo, lo scalogno, il cavolfiore, la patata Ratta e la patata viola: che siano tagliate o intere, devono avere una pezzatura uniforme, altrimenti la cottura rischia di non essere omogenea.

3. *Montate a neve* gli albumi e aggiungete il sale affumicato.

Finitura

$1^h 15'$

Distribuite il composto sul fondo della teglia, unite le verdure e ricopritele con il resto del composto. Cuocetele nel forno scaldato a 180 °C per 30 minuti, se sono a pezzi, o per 1 ora, se sono intere.
Trascorso questo tempo scoperchiate la teglia, togliete l'albume cotto, estraete le verdure, tagliatele a piacere e impiattatele.

Il gusto naturale delle verdure, preservato dalla cottura in crosta di sale, si esalta con un semplice giro d'olio, ma può essere arricchito anche da una salsa, ad esempio la bagna cauda o la tonnata, leggermente più aggressiva.

DOLCE/SALATO/AMARO/SPEZIATO

Asparagi bianchi, mandorle fresche e Ficoidea glacialis

Ingredienti (per 4 persone)

Asparagi bianchi 12
Mandorle fresche complete di mallo verde 16
Cimette di *Ficoidea glacialis* 12
Cipolla bianca ½
Burro g 15
Sale e pepe qb

Utensili

Pelapatate

Tempo totale:
escluso il tempo per l'essiccazione delle bucce (3^h)

45'

Preparazione

15'

1. Pelate e tagliate a becco di flauto gli asparagi bianchi. Tritate finemente la cipolla.

2. Aprite le mandorle e privatele della buccia esterna. Staccate le cimette di *Ficoidea glacialis*.

3. Fate essiccare per 3 ore le bucce delle mandorle riponendole in un luogo caldo e asciutto.

Finitura

30'

Fate *appassire* in una casseruola 10 g di cipolla tritata con il burro, unite gli asparagi e *brasateli*. Bagnateli con un goccio d'acqua e cuoceteli per 10 minuti circa, finché non saranno fondenti.
Unite le mandorle fresche, regolate di sale e di pepe e distribuite sui piatti con le cimette di *Ficoidea glacialis* e le bucce di mandorla essiccate.

Un piatto minimalistico, con un elegante cromatismo tono su tono e un gusto delicato, ma persistente. Interagirà al meglio con un Müller-Thurgau giovane dell'Alto Adige, per le sue note fresche e varietali.

DOLCE/SALATO/CROCCANTE/SPEZIATO/LIQUIDO

Zuppa di sedano, tartufo nero e mortadella

Ingredienti (per 4 persone)

Sedano verde g 40
Tartufo nero g 100
Mortadella g 80
Acqua di tartufo g 100
Panna l 1
Albumi g 80
Olio extravergine di oliva qb
Sale e pepe qb

Utensili

Cestino per la cottura a vapore
4 coppe di vetro
Pelapatate
Termometro da cucina

Tempo totale: 40'

Preparazione

30'

1. Fate *ridurre* la panna della metà in un piccolo tegame.

2. Pelate, snervate e tagliate a *brunoise* la costa di sedano. Sbucciate e tagliate a cubetti il tartufo nero pulito.

3. Mescolate la panna ridotta, l'acqua di tartufo e gli albumi, salate e pepate. Suddividete il sedano verde in 4 coppe di vetro e aggiungete il composto.

Finitura

10'

Ponete le coppe a bagnomaria o nel *cestino per la cottura a vapore* e fate cuocere per circa 6 minuti a 100 °C. Aggiungete il tartufo nero, precedentemente condito con sale, pepe e un goccio di olio extravergine di oliva, poi grattugiate la mortadella in superficie.

Un piatto dal gusto persistente e aromatico, grazie al tartufo, con un finale a tendenza dolce/sapida dovuto alla mortadella. Legherà con un Sauvignon dell'Alto Adige giovane, per le sue doti di acidità e le note varietali fresche.

LIQUIDO/DOLCE/SPEZIATO

Insalata russa caramellata al tartufo nero

Ingredienti (per 4 persone)

PER L'INVOLUCRO
Fondente g 200
Zucchero g 100
Glucosio g 100
Capperi essiccati g 25
Sale di Maldon g 1

PER LA MAIONESE
Uova intere 7,5
Senape ½ cucchiaio
Olio di semi l 1,5
Aceto g 15
Succo di limone g 15
Sale g 10

PER LA FARCIA
Tartufo nero 1 (da g 80)
Patate g 650
Carote g 325
Cetrioli g 150
Tonno g 70
Capperi g 25
Piselli g 40
Foglia di alloro 1
Aglio 1 spicchio
Maionese

Utensili

Cannello
Cerchio (diametro 8 cm)
Colino
Silpat
Frusta
Mixer
Porzionatore per gelati
Termometro da cucina

Tempo totale: 2ʰ

Preparazione

1ʰ30'

1. Scaldate il *fondente*, lo zucchero e il glucosio fino a raggiungere 160 °C. Togliete la casseruola dal fuoco e unite i capperi essiccati e il *sale di Maldon*. Stendete il composto su un foglio di *silpat* e fatelo raffreddare. Frullatelo poi con un mixer fino a ottenere una polvere, passatela con un colino e formate dei dischi con uno stampo rotondo del diametro di 8 cm.

2. Cuocete i dischi a 160 °C per 2 minuti.

3. Cuocete il tartufo per 30 minuti in acqua bollente salata con una foglia di alloro e aglio. Pelatelo e ricavate 4 lamelle nel centro.

4. Preparate una maionese classica: mescolate le uova con la senape, poi unite l'olio a filo montando con una frusta; alla fine incorporate aceto, succo di limone e 10 g di sale.

5. Pelate le patate e le carote; lessatele in acqua bollente salata per 10 minuti. Quando saranno fredde, tagliatele a cubetti, così come i cetrioli e il tonno.

6. Riunite tutti gli ingredienti preparati, i capperi e i piselli in una ciotola; amalgamateli con la maionese, in modo da ottenere l'insalata russa.

Finitura

30'

Con l'ausilio di un porzionatore per gelati dosate una pallina esatta di insalata russa su metà dei dischi di zucchero preparati in precedenza. Ricopriteli con le lamelle di tartufo e gli altri dischi, in modo da ottenere dei "sandwich" di insalata russa. Servendovi della fiamma di un *cannello* unite i due dischi, così da formare una sorta di medaglione.

L'insalata russa, il tartufo nero e l'involucro di zucchero sono i tre elementi base di questo bonbon, sorprendente crocevia di gastronomia, alta cucina e pasticceria. In bocca è grasso, dolce e aromatico, grazie alle tante componenti della farcia, con una grande persistenza gustativa e un gusto netto, fine ed elegante. Sposa un metodo classico giovane, fresco e fine, a base di uve Chardonnay.

CROCCANTE/TEMPERATURA/DOLCE/SALATO

Tortino di rabarbaro, salsa di yogurt

Ingredienti (per 4 persone)

Gambi di rabarbaro 2
Pera Williams 1
Fette di pancarrè 6
Uvetta sultanina g 20
Zucchero g 100
Uova intere 2
Latte dl 5
Yogurt intero g 40
Burro g 20

Utensili

Frusta
Stampi monoporzione

Tempo totale: 50'

Preparazione

20'

1. Scartate la crosta delle fette di pancarrè, tagliatele a cubetti di 1/2 cm di lato e *rosolatele* in una padella antiaderente con una noce di burro.

2. Fate rinvenire l'uvetta in una ciotola di acqua tiepida.

3. Sbucciate la pera e il rabarbaro, ricavate una dadolata di 1/2 cm di lato e mescolatela in un recipiente con 40 g di zucchero, il pane e l'uvetta scolata.

4. Distribuite il composto all'interno di stampi monoporzione imburrati e spolverizzati di zucchero.

Finitura

30'

In una terrina amalgamate con una frusta le uova, il latte e 50 g di zucchero, poi riempite con questo composto gli stampi monoporzione.
Sistemateli in una teglia con i bordi alti almeno 7 cm, piena per la metà di acqua, e cuoceteli a bagnomaria a 180 °C per circa 25 minuti. Sformate i tortini e disponeteli al centro dei piatti. Serviteli freddi con poco yogurt.

In Veneto nelle case si preparano ancora le torte di pane, come la "putana", anche se la ricetta tradizionale è un po' diversa. Il nostro è un dessert fresco e poco dolce, con un'acidità ravvivata da uno schizzo di yogurt al naturale.

Verdure essiccate al naturale

Ingredienti

Patata viola 1
Patata gialla 1
Carota grossa 1
Scorzonera 1
Patata bianca 1
Barbabietola cruda 1
Ravanello 1
Sedano rapa 1
Carciofo 1
Zucchina grossa 1

Utensili

Mandolina

Tempo totale: 3^h

Preparazione

30' — Mondate le verdure. Affettatele molto finemente con una *mandolina* e asciugatele bene, servendovi di un canovaccio.

Finitura

2^{h}30' — Stendete le fettine su una placca rivestita di carta da forno e mettetele a seccare a 80 °C per circa 2-3 ore. Servite le verdure essiccate in antipasto.

Uno dei piatti simbolo della casa. Le lamelle di verdura vengono essiccate senza nessun ingrediente aggiunto: compongono un'insalata minimalistica, che rivisita ironicamente il classico piatto di crudité o l'aperitivo con le chips. Semplicità, leggerezza e gusto, senza i classici ingredienti delle patatine: grassi e sale.

CROCCANTE/DOLCE/SALATO/ACIDO/AMARO

Purè di patate al peperoncino

Ingredienti (per 4 persone)

Patate Ratte 8
Latte dl 2
Parmigiano reggiano
grattugiato g 10
Tuorlo d'uovo 1
Peperoncino in polvere g 3
Burro g 10
Sale e pepe bianco qb

Utensili

Bimby

Tempo totale: 45'

Preparazione

30' Lessate le patate non sbucciate in acqua salata con partenza a freddo, scolatele e pelatele a caldo.

Finitura

15' Sistemate le patate intere all'interno del *Bimby* e unite latte, Parmigiano reggiano grattugiato, tuorlo d'uovo e burro. Frullate per circa 10 minuti, fino a ottenere una purea omogenea, liscia e morbida. Salate, pepate, aggiungete il peperoncino e servite.

La nota dominante del piatto è la farinosità della patata, con la sua tendenza dolce, contrastata dal peperoncino. Il complemento ideale è uno Chardonnay maturo elevato in barrique, dal gusto pieno e burroso.

SPEZIATO/LIQUIDO

I fatti, dicono i poeti, avvengono per trasformarsi in versi, ma anche i frutti forse spuntano per trovare nuova linfa nelle mani degli chef. Che siano freschi o secchi, nelle cucine di *Cracco* occupano un posto di rilievo, nei dessert oppure in abbinamento con il formaggio, la carne e il pesce.

«Personalmente mangio moltissima frutta, perché mi dà una sensazione di vitalità, forza e varietà. È la perfetta espressione della stagionalità e rappresenta sempre un territorio, tanto che a volte può segnarne le latitudini. Per noi cuochi è una risorsa quasi inesplorata, perché mentalmente la associamo a una cucina poco cucinata o che non viene cucinata affatto. Un frutto buono, però, è già un mondo da scoprire, con un gusto tutto suo, più o meno dolce, acidulo, amidaceo o aromatico. Quando c'è la qualità, l'intervento del cuoco deve limitarsi al minimo, per evitare di rovinarla. Nella stagione dell'uva fragola, ad esempio, servo una granita composta per il 100 per cento di quel frutto, senza un grammo di zucchero aggiunto. La frutta caramellata viene appena sfiorata, per due volte, dalla fiamma del cannello, che fonde una polvere di zuccheri composti: è un dolce che amo molto, perché conserva tutta l'integrità e la fragranza della polpa cruda, ma la palatabilità viene esaltata.

«Il nostro pre-dessert invece è speculare all'*amuse-bouche* che inaugura il pasto, le "caramelle" di verdura disidratata: si tratta di lamelle sottilissime di frutta, che con un'essiccazione praticamente al naturale acquisiscono un *côté* croccante molto moderno, ma potenziano anche la presentazione, il gusto e i profumi.

«In bocca ogni filigrana svela un sapore riconoscibile e spiccato, oltre a sublimarsi nell'aspetto visivo, che è traslucido e quasi immateriale, con un profilo inalterato, che ovviamente comprende anche la buccia. Solo a guardarle trasmettono un senso di leggerezza, che in bocca si conferma. È un'altra macedonia minimalistica, che mi serve per chiudere il cerchio con la stessa nota dell'apertura».

Frutta

Frutta caramellata

Ingredienti (per 4 persone)

Mela rossa ½
Pera Kaiser ½
Kiwi 1
Ananas ½
More 16
Lamponi 16
Mirtilli 8

PER IL CARAMELLO
Glucosio g 100
Isomalt g 100
Fondente g 200

Utensili

Cannello
Mandolina
Mixer
Termometro da cucina

Tempo totale: 55'

Preparazione — 40'

1. Affettate finemente la mela e la pera intere con una *mandolina*.

2. Sbucciate il kiwi e tagliatelo a mezzelune.

3. Sbucciate l'ananas, eliminate il torsolo con gli occhi e ricavate 12 cubetti di 1,5 cm di lato. Sciacquate i frutti di bosco.

4. Per il caramello, riunite i tre tipi di zucchero in una casseruola, scaldateli a fuoco dolce e portateli alla temperatura di 140 °C. Versate il composto così ottenuto su un foglio di carta da forno, fatelo raffreddare e frullatelo con un mixer, fino a ottenere una polvere.

Finitura — 15'

Passate tutti i pezzi di frutta nella polvere di zucchero, rivestendoli uniformemente. Disponeteli a una certa distanza l'uno dall'altro su una placca antiaderente e *caramellateli* con un *cannello*. Ripetete questa operazione due volte e servite.

Un trattamento minimo consente di esaltare il gusto naturale della frutta, che si presenta in modo nuovo. Forma un dessert fresco e varietale, da degustare con un Marsala vergine.

Lime con X-Fresh

Ingredienti (per 4 persone)

Lime 1
Zucchero g 20
Caramelle X-Fresh 4

Utensili

Affettatrice

Tempo totale:
escluso il tempo di riposo nel congelatore (2h)

20'

Preparazione

15'

1. Sciacquate il lime e affettatelo finemente con un'affettatrice. Spargete lo zucchero semolato su una piccola placca.

2. Passate le fettine di lime nello zucchero e sovrapponetele a coppie, inserendo nel mezzo una caramella X-Fresh. In questa fase è molto importante assicurarsi che le fettine aderiscano bene fra loro.

3. Stendete le fettine su una placca ricoperta di carta da forno e quindi riponetele per 2 ore nel congelatore.

Finitura

05'

Servite le fettine molto fredde, appena uscite dal freezer.

Più che una ricetta, un modo ironico per chiudere il pasto. In cucina viene chiamato "il dentifricio", perché la freschezza balsamica della menta dà un senso di sprint e sembra quasi invogliare a ricominciare a mangiare.

TEMPERATURA / CROCCANTE

Frutta essiccata

Ingredienti (per 4 persone)

PER LO SCIROPPO
Acqua l 2
Zucchero 1 kg

Arancia 1
Mela Golden 1
Pera Williams 1
Kiwi 1
Mango 1
Ananas 1

Utensili

Affettatrice
Silpat

Tempo totale: 2h 40'

Preparazione

20'

1. Per lo sciroppo, riunite in una casseruola acqua e zucchero. Portate a ebollizione e *stemperate*.

2. Ricavate delle lamelle sottili dai frutti interi con l'ausilio di un'affettatrice, regolata sulla tacca 1 e 1/2.

Finitura

2h 20'

Portate a ebollizione lo sciroppo e sbollentate separatamente tutti i tipi di frutta per 2 minuti; per ultime scotterete le arance. Stendeteli su un foglio di *silpat* e fateli essiccare in forno alla temperatura di 70 °C per 2 ore.

Un modo nuovo, semplice e leggero di servire la frutta. Un breve rivestimento nello sciroppo e un'essiccazione dolcissima fissano le lamelle nella loro essenza visiva e gustativa. Compongono una macedonia croccante che valorizza il frutto nella sua integrità, torsolo e scorza compresi, con nuance sorprendenti come lo speziato della buccia del kiwi.

CROCCANTE / DOLCE / ACIDO

Polpa di mango e Fisherman's Friend

Ingredienti (per 4 persone)

Manghi maturi 4
Pasticche di Fisherman's Friend 10
Zucchero g 30
Semi di finocchio selvatico g 25
Fogli di colla di pesce 2

Preparazione

35'

1. Frullate la polpa del mango per 10 minuti, fino a ottenere una purea omogenea.

2. Sciogliete lo zucchero in una casseruola con un goccio d'acqua, a fuoco lento portatelo a 110 °C, unite i semi di finocchio e cuoceteli per 2 minuti.

3. Fate raffreddare i semi di finocchio su un foglio di carta da forno, separandoli l'uno dall'altro. Mettete a bagno i fogli di colla di pesce in una tazza di acqua fredda.

4. Fate bollire le pasticche di Fisherman's Friend con 1/2 litro d'acqua per 10 minuti e passate il liquido con un colino.

5. Incorporate la colla di pesce nell'infusione ancora calda, *stemperate* e riponete in frigorifero.

Finitura

05'

Disponete pochi semi di finocchio rivestiti di zucchero sul fondo di una coppa di vetro monoporzione. Unite un cucchiaio di polpa di mango e, per finire, 1/2 cucchiaio di gelatina ancora liquida di Fisherman's Friend. Riponete in frigorifero e fate addensare per circa 4 ore. Servite il dessert freddo.

La polpa del mango ha una consistenza setosa; con le pasticche di Fisherman's Friend si trasforma, sprigionando mille sapori. È un piatto semplice, che fa riflettere sui meccanismi imprevedibili del gusto.

TEMPERATURA/SPEZIATO/LIQUIDO

Utensili

Coppe di vetro
Frullatore
Termometro da cucina

Tempo totale:
escluso il tempo di riposo
in frigorifero (4h circa)

40'

Involtini di mascarpone con frutta secca e sedano candito

Ingredienti (per 4 persone)

PER L'INVOLTINO
Fichi secchi g 500
Mandorle g 50
Noci g 50
Nocciole g 50
Mascarpone g 100

PER LO SCIROPPO
Acqua l 1
Zucchero g 400
Essenza di senape 4 gocce

PER IL SEDANO CANDITO
Sciroppo dl 2
Coste di sedano 2
Gherigli di noce 4
Sale qb

PER GUARNIRE
Sedano 1 losanga
Gheriglio di noce 1

Sale di Maldon qb

Utensili

Affettatrice
Mixer
Termometro da cucina

Tempo totale:
esclusi il tempo di riposo in frigorifero e la *canditura* del sedano (11^h)

1^h

Preparazione

30'

1. Frullate la frutta secca nel mixer, fino a ottenere un composto omogeneo. Formate un panetto, copritelo di pellicola da cucina e lasciatelo riposare per mezza giornata in frigorifero.

2. Preparate uno sciroppo riunendo in una casseruola l'acqua, lo zucchero e l'essenza di senape. Portate a ebollizione il liquido, girando per *stemperare*.

3. Snervate il sedano e tagliatelo a bastoncini lunghi circa 6 cm. Sbollentatelo in acqua salata e mantenetelo per 5 ore alla temperatura di 70 °C con lo sciroppo e i gherigli di noci.

Finitura

30'

Tagliate il panetto di frutta secca a fettine sottili servendovi di un'affettatrice, aggiungete il mascarpone e formate degli involtini. Disponete su ogni piatto una losanga di sedano, adagiatevi un *involtino* con un gheriglio di noce e aggiungetevi un pizzico di *sale di Maldon*.

Ancora una ricetta a base di mascarpone. Si abbina con una Vernaccia di Oristano, per il gusto secco e la nota ossidata, che possono fungere da legante e spezzare il piatto.

Quella di Cracco è una cucina leggerissima: le salse sono sostituite, generalmente, da un filo di olio extravergine d'oliva, di origini diverse a seconda dei casi. L'umbro è il più robusto, ideale con le carni, il marchigiano ha un gusto intermedio che si addice alle verdure, mentre il ligure è destinato al pesce, per la sua delicatezza. Un discorso a parte va dedicato ai condimenti, protagonisti più che comprimari nel piatto.

«Sono basi di cucina che consentono di variare l'abbinamento, mantenendo un fondamento condiviso; così la *Bagna cauda* può essere servita con le verdure, la carne o il pesce, fungendo in qualche modo da aggregante. Si tratta quasi sempre di eredità della tradizione che reinterpretiamo da un altro punto di vista, in maniera attuale, perché in cucina non si inventa mai niente.

«La nostra *Salsa cocktail*, ad esempio, viene preparata con il *tuorlo marinato*, quindi cambia completamente gusto e aspetto: lo scampo a vapore sprofonda dentro il suo condimento come se fosse una morbida poltrona. È un piatto ricco, barocco, bellissimo, che predispone visivamente al godimento.

«Personalmente adoro il pesto, ha un gusto mediterraneo perfetto, che con la dolcezza di una purea di uvetta senza grassi può trasformarsi in un aperitivo da servire nel bicchiere. Anche la tonnata la facciamo a modo nostro, ovvero senza maionese, come vorrebbe in realtà la tradizione. È una salsa ibrida che unisce vitello e tonno, carne e pesce, ma a ben guardare tutti i nostri condimenti fanno aggio su una coppia di elementi: il tuorlo d'uovo con il pomodoro del ketchup, il basilico con l'uvetta, l'aglio con le acciughe, i gherigli di noce con la maggiorana, che ne prolunga indefinitamente il gusto... È una combinazione un po' magica, perché alla fine il risultato è ben diverso dalla somma delle parti».

Condimenti

Bagna cauda

Ingredienti (per 4 persone)

Aglio 20 spicchi
Filetti d'acciuga sotto sale 25
Latte l 1

Preparazione

$1^h 15'$

1. Sbucciate gli spicchi d'aglio ed eliminate l'anima.

2. Aprite le acciughe, *sfilettatele* e sciacquatele brevemente sotto l'acqua corrente.

3. Cuocete l'aglio nel latte per circa 1 ora a fuoco lento.

Finitura

$10'$

Aggiungete le acciughe nel tegamino del latte e cuocetele per 5 minuti, *stemperandole* bene. Frullate poi la salsa con un mixer a immersione e passatela con un colino fine.

È un condimento multifunzionale, che può essere utilizzato con i crostacei, cotti in tutti i modi, e le verdure, crude o in crosta di sale.

LIQUIDO/SPEZIATO/DOLCE/SALATO

Utensili

Colino fine
Mixer a immersione

Tempo totale: $1^h 25'$

Pesto e uvetta

Ingredienti (per 4 persone)

Basilico g 125
Pinoli freschi g 50
Uvetta sultanina g 150
Olio extravergine di oliva dl 1,5
Sale g 3

Utensili

Colino fine
Mixer

Tempo totale: 30'

Preparazione

25'

1. Fate rinvenire l'uvetta in poca acqua tiepida.

2. Frullate le foglie di basilico con i pinoli, aggiungete l'olio extravergine di oliva e il sale. Frullate nuovamente per una decina di minuti, fino a ottenere un composto semi-liquido; passatelo al colino fine e riponetelo in frigorifero per 30 minuti.

3. Frullate l'uvetta con un goccio d'acqua, in modo da ottenere una salsa non troppo densa. Passate anch'essa al colino fine.

Finitura

05'

Versate in un bicchiere tre cucchiai di pesto freddo e aggiungete un cucchiaio di salsa di uvetta, precedentemente scaldata.

Un modo nuovo per servire il pesto: come aperitivo nel bicchiere. L'untuosità del condimento è contrastata dalla liquidità della purea di uvetta, composta in gran parte di acqua, viene versata nel bicchiere calda, per ripulire il palato dalla patina dell'olio.

TEMPERATURA / LIQUIDO / DOLCE / SALATO

Salsa Cocktail

Ingredienti (per 4 persone)

Tuorli d'uovo marinati 10
Ketchup g 80
Succo di limone g 4
Salsa Worcester g 4
Tabasco g 2
Brandy g 2
Sale e pepe bianco qb
Panna fresca dl 1

Utensili

Mixer a immersione

Tempo totale:
escluso il tempo di riposo
in frigorifero e quello
per *montare* la panna (2h)

15'

Preparazione

10' Frullate insieme tutti gli ingredienti con un mixer a immersione. Fate riposare il composto in frigorifero per circa 2 ore prima dell'uso.

Finitura

05' Togliete la salsa dal frigorifero e, per spezzare la nota acidula dei tuorli *marinati*, servitela con panna semimontata senza sale.

Una preparazione fin troppo diffusa, interpretata in modo nuovo. Nel ristorante viene servita con gli scampi al vapore, secondo tradizione, ma può essere utilizzata anche con la lingua di vitello o come semplice intingolo per i grissini.

Salsa Tonnata

Ingredienti (per 4 persone)

Ritagli di vitello g 500
Tonno sott'olio g 300
Uova 2
Acciughe sotto sale g 30
Capperi dissalati g 80
Vino bianco dl 0,5
Burro g 150
Acqua dl 3
Sale qb

Utensili

Bimby
Colino
Setaccio

Tempo totale: 1^h

Preparazione

40'

1. Lessate le uova e passate i tuorli al setaccio. Aprite le acciughe, *sfilettatele* e sciacquatele brevemente.

2. In una casseruola *rosolate* la carne con il burro per almeno 15-20 minuti, facendo attenzione che il fondo non bruci.

3. *Sfumate* con vino bianco, quindi bagnate con 1,5 dl d'acqua e fate bollire a fiamma alta. *Riducete* la salsa a consistenza sciropposa, poi aggiungetevi ancora la stessa quantità di acqua. Riportatela a ebollizione a fuoco vivo e filtrate con un colino.

Finitura

20'

Versate il sugo ottenuto in una pentola, aggiungete il tonno, le acciughe e i capperi, poi fate andare per 10 minuti. Frullate il tutto nel *Bimby*, legate la salsa con i tuorli sodi passati al setaccio e regolate di sale.

La tradizione piemontese non prevede l'aggiunta di maionese nella salsa tonnata: è un elemento grasso e neutro, che toglie sapore anziché aggiungerlo. La nostra versione è un jolly da giocare con pesci e carni bianche, per esempio tonno, pesce azzurro, costolette di vitello al vapore, pollo arrosto...

Salsa di noci

Ingredienti (per 4 persone)

Gherigli di noci g 140
Aglio 1 spicchio
Maggiorana fresca g 15
Olio extravergine di oliva g 170
Sale qb

Utensili

Bimby o frullatore

Tempo totale:
escluso il tempo di riposo in frigorifero (2ʰ)

10'

Preparazione

10'

1. Pesate 170 g di olio extravergine di oliva.

2. Riunite tutti gli ingredienti nel *Bimby* o nel bicchiere del frullatore e azionate, fino a ottenere una salsa liscia e omogenea.

3. Regolate di sale e conservate in frigorifero per due ore, in un recipiente coperto di pellicola da cucina.

È una specialità ligure che può essere utilizzata anche per condire la pasta, a temperatura ambiente; per esempio sta benissimo con gli spaghetti di kamut al dente e una macinata di gruè, oppure di pepe.

«L'uovo sta alla cucina come gli articoli al discorso», sostiene Grimod de la Reynière, «è cioè una necessità così indispensabile che il più abile dei cuochi dovrebbe rinunciare alla propria arte se gliene fosse impedito l'uso».

Ma cosa succede se un articolo impazzito si emancipa e si incorona arditamente a piatto, che dico, a romanzo o poema letterario? Probabilmente si trova nelle mani di un grande chef.

«"Un uovo è sempre un'avventura: può essere diverso", ha scritto Oscar Wilde. In effetti pochi ingredienti sono altrettanto sfuggenti ed eclettici, ricchi di componenti simboliche eppure elementari, nella forma e nel sapore. Qualche anno fa gli ho dedicato un libro monografico, che tra l'altro ha vinto il premio per la migliore opera di letteratura gastronomica, *La quadratura dell'uovo*, con una miscellanea di testi che va da Platone a Ionesco, ad un'ingegneria surreale. Perché è una presenza importante nella nostra cultura: ci sono scultori che non hanno mai smesso di ritrarlo, e noi cuochi non siamo stati da meno.

«Come ingrediente è universale: può essere un primo o un secondo, dolce o salato, di grasso o di magro. Nello stesso tempo può assumere le consistenze più varie: legante o croccante, stracciato, liquido, cremoso, spumoso o duro… Al cuoco domanda una sensibilità estrema e una padronanza tecnica incredibile, perché è un ingrediente vivo, che bisogna essere in grado di domare. Ricordo che una volta all'*Albereta* un americano (probabilmente uno sportivo) ci chiese un'omelette di albumi e fu una sfida per tutta la brigata: che soddisfazione riuscirci! Un banale occhio di bue, chi è più capace di farlo? Le ricette codificate sono più di mille: difficile inventarsi qualcosa; noi ci siamo riusciti con una semplice marinatura del tuorlo. È stato il punto di partenza di una cucina *ab ovo* inaugurata dalla pasta, alla ricerca dei modi elementari della materia».

Uova

Tuorlo d'uovo marinato con asparagi verdi

Ingredienti (per 4 persone)

Uova 4
Mazzo di asparagi verdi 1
Fagioli secchi g 200
Sale grosso affumicato kg 1
Zucchero g 250
Cipolla bianca 1
Brodo vegetale* dl 1
Burro g 40
Olio extravergine di oliva qb
Sale qb

Utensili

Mixer
Pelapatate
Setaccio

Tempo totale:
escluso il tempo per l'ammollo dei fagioli e la *marinatura* dei tuorli (10-11h)

Preparazione

50'

1. Lasciate a bagno i fagioli in acqua fredda per mezza giornata, poi lessateli per 40 minuti e frullateli con un goccio della loro acqua di cottura.

2. Amalgamate il sale affumicato, lo zucchero e la purea di fagioli. Mettete i tuorli delle uova a *marinare* per 4-5 ore in questo composto, finché la superficie non sia diventata resistente. Poi sciacquateli delicatamente sotto un filo d'acqua fredda corrente.

3. Sbattete gli albumi e stendeteli tra due fogli di carta da forno oliati. Cuoceteli nel forno scaldato a 150 °C per circa 10 minuti, in modo da ottenere una sorta di rete. Lasciatela raffreddare e ricavate dei brandelli irregolari.

4. Pelate gli asparagi, separate le punte e tagliate i gambi a cubetti. Tritate la cipolla.

Finitura

30'

Spadellate i gambi degli asparagi con metà della cipolla e una noce di burro, bagnateli con un mestolino di brodo vegetale (ricetta di base) misto ad acqua e portateli a cottura a fuoco vivo.
In un'altra casseruola cuocete brevemente le punte degli asparagi con il resto della cipolla e un'altra noce di burro, salatele e mettetele da parte. Prendete metà dei gambi e frullateli nel mixer.
Passate la purea al setaccio, incorporate il resto dei gambi e regolate di sale. Disponete sui piatti la purea di asparagi, le punte e i tuorli marinati; circondate con le tegole di albume e il fondo di cottura, poi servite. Accompagnate a piacere con striscioline di pancarrè tostate nel forno.

1h 20'

Un piatto ricco di sensazioni, dalla grassezza dell'uovo, con le sue sfumature sapido-aromatiche, alle note varietali e acidule degli asparagi. Può sposare un Arneis del Piemonte elevato in barrique, dal gusto morbido e rotondo.

SALATO / SPEZIATO / CROCCANTE / TEMPERATURA

Uovo al vapore con tartufo nero

Ingredienti (per 4 persone)

Uova intere 4
Panna dl 4
Tartufo nero 1 (g 50)
Sale g 5
Pepe bianco qb

Utensili

Affettatartufi
Cestino per la cottura a vapore
4 *cocottine*
Colino fine

Tempo totale:

Preparazione

20'

1. Separate i tuorli dagli albumi. *Riducete* la panna della metà in un tegamino.

2. Unite alla panna ridotta gli albumi, il sale e una macinata di pepe bianco, mescolate e passate al colino fine.

3. Pulite il tartufo nero e sbucciatelo. Grattugiatene poi 8 g e mettetene il resto da parte.

Finitura

10'

Disponete delicatamente i tuorli in 4 *cocottine* con 2 g di tartufo tritato. Coprite con il composto di albume e panna e cuocete a bagnomaria, o nel *cestino per la cottura a vapore*, per circa 6 minuti. Terminate la preparazione con 2 lamelle di tartufo nero.

Grassezza e aromaticità sono le componenti chiave di questo piatto, dal gusto molto persistente. L'abbinamento ideale è con un vino evoluto, complesso ed elegante, ad esempio un Merlot prodotto con metodi naturali.

LIQUIDO / SPEZIATO / TEMPERATURA

30'

Albume sodo montato a neve, polpo arrostito e acqua di riso Venere

Ingredienti (per 4 persone)

PER MONTARE L'ALBUME
Albumi sodi g 500
Acqua dl 2,5
Sale g 25

Polpo 1 (da g 600)
Cipolla 1
Carota 1
Costa di sedano 1
Cimette di portulaca 8
Acqua di cottura
di riso Venere dl 2
Burro g 20
Olio extravergine di oliva qb
Sale qb

Utensili

Frullatore o *Bimby*

Tempo totale: $2^h_{10'}$

Preparazione

$1^h_{50'}$ **1.** Riunite nel bicchiere del frullatore o nel *Bimby* gli albumi sodi e il sale, poi azionate aggiungendo gradualmente l'acqua. Riponete il composto in frigorifero fino al momento dell'uso, in una ciotola coperta di pellicola da cucina.

2. Mondate gli odori e le cimette di portulaca.

3. Pulite il polpo e cuocetelo in abbondante acqua salata con gli odori per 1 ora e 1/2.

Finitura

20' Quando sarà cotto, scolate il polpo, tagliatelo a pezzi e *rosolatelo* in una padella antiaderente con un filo d'olio extravergine di oliva. Distribuite l'albume *montato* a cucchiaini sui piatti fondi. Unite i pezzi di polpo arrostiti e le cimette di portulaca. *Salsate* con l'acqua di cottura del riso Venere legata con una noce di burro, aggiustate di sale e servite.

In cucina l'albume è una risorsa sottovalutata, tanto che spesso lo si getta via. Invece può essere utilissimo, grazie al suo gusto neutro. Per esempio consente di preparare una maionese sui generis, *completamente priva di grassi, che può servire da base per tanti sapori, dal polpo al tartufo.*

LIQUIDO / SALATO / ACIDO

Uovo essiccato, farro spezzato e olive nere

Ingredienti (per 4 persone)

Tuorli marinati 2
Farro spezzato g 300
Olive nere g 80
Vino bianco dl 1
Brodo vegetale* dl 5
Parmigiano reggiano
grattugiato g 30
Burro g 20
Olio extravergine di oliva dl 1
Sale qb

Preparazione

40'

1. Fate essiccare i tuorli *marinati* (vedi la ricetta a pagina 118) per 2 giorni, a temperatura ambiente, su una placca ricoperta di carta da forno.

2. Snocciolate le olive, sistematele su una placca, tostatele nel forno scaldato a 180 °C per 30 minuti e tritatele con un coltello.

Finitura

20'

Tostate il farro in una casseruola con 10 g di burro, *sfumate* con il vino bianco, bagnate con il brodo vegetale (ricetta di base) bollente, salate e cuocete per 10 minuti circa. *Mantecate* con altri 10 g di burro, il Parmigiano reggiano grattugiato e l'olio extravergine di oliva.
Regolate di sale e distribuite il "farrotto" sui piatti, grattugiate sopra i tuorli d'uovo essiccati, cospargete con un pizzico di polvere di olive nere e servite.

L'uovo marinato ha quasi la stessa versatilità dell'uovo fresco. Il tuorlo essiccato per esempio viene lasciato asciugare per due giorni a temperatura ambiente; può essere utilizzato come la bottarga, grattugiato in finitura sui piatti, perché visivamente è molto simile e il gusto dell'affumicatura, leggermente ammandorlato, vien fuori in modo netto.

Tempo totale: 1^h
escluso il tempo dell'essiccazione dei tuorli (48^h)

Tuorlo d'uovo fritto con legumi in insalata

Ingredienti (per 4 persone)

Tuorli 4
Cicerchie g 50
Lenticchie g 50
Ceci g 50
Fagioli risina g 50
Cipolle 1 e 1/2
Carote 1 e 1/2
Coste di sedano 1 e 1/2
Uova 2
Pancarrè g 200
Olio extravergine di oliva qb
Sale qb
Sale di Maldon qb

Utensili

Setaccio
4 stampini di *silpat*
Termometro da cucina
(o friggitrice)

Tempo totale:
escluso il tempo per l'ammollo dei legumi, la conservazione in frigorifero e il congelamento dei tuorli (20h)

Preparazione

1h

1. Lasciate a bagno per circa 12 ore i ceci e i fagioli. Mondate gli odori. Tagliate le verdure intere in 4 pezzi; ricavate una *brunoise* da ciò che resta.

2. Adagiate delicatamente i tuorli negli stampini di *silpat* e congelateli.

3. Lessate separatamente ceci, fagioli, cicerchie e lenticchie per circa 25 minuti, con l'aggiunta di un quarto di carota, cipolla e sedano.

4. Quando i legumi saranno cotti, lasciateli raffreddare nella loro acqua di cottura, salateli quanto basta e riponeteli in frigorifero per 2 ore.

5. Scartate la crosta del pancarrè, frullatelo e passatelo al setaccio.

6. Rompete le uova in una ciotola, sbattetele, passatevi i tuorli congelati e impanateli nel pangrattato. Ripetete questa operazione due volte. Conservate i tuorli *marinati* impanati nel congelatore per 6 ore.

Finitura

10'

Friggete i tuorli impanati nell'olio extravergine di oliva scaldato a 160-180 °C. Dopo circa 2 minuti, quando saranno croccanti fuori e morbidi dentro, fateli scolare su una piccola placca con un foglio di carta assorbente e salateli leggermente.
Nel frattempo scolate la quantità desiderata di legumi, unite la brunoise degli odori, un pizzico di *sale di Maldon* e un filo di olio extravergine di oliva. Impiattate l'insalata di legumi nelle fondine e adagiatevi i tuorli fritti.

La grassezza e l'untuosità, dovute al tuorlo e alla frittura, sono accostate alla farinosità dei legumi. Esse trovano un buon complemento in un Tocai giovane elevato in barrique, che può fungere da "ripulitore".

1h 10'

CROCCANTE / TEMPERATURA / SALATO

Quando si guarda un pesce non si pensa alle squame, ma alla velocità del movimento e ai riflessi del corpo intravisto attraverso l'acqua. È un guizzo inafferrabile, naturalmente in sintonia con la cucina moderna, fatta di dinamismo, leggerezza e cotture espresse.

«Il pesce è un ingrediente modernissimo, molto più della carne, che tendenzialmente mi sembra un po' monocorde, a parte le frattaglie. Essendo nato a Vicenza l'ho conosciuto a Venezia, una città che adoro e nella quale mi piacerebbe abitare. Presenta la varietà più ampia nella gamma dei sapori e delle possibilità combinatorie, perché l'universo ittico comprende il pesce bianco, i crostacei, gli invertebrati, i *coquillages*, ma anche le uova di pesce, le frattaglie di mare, tutti i tipi di alghe e addirittura l'acqua marina, che può essere utilizzata se opportunamente distillata: un vero arcobaleno di sapori e di colori. Tante cose nessuno ha mai pensato di sfruttarle, le trippe delle capesante ad esempio, che in realtà sono le frange. Di solito vengono scartate o al massimo gettate nel fumetto, ma il risultato alla fine non cambia; noi invece ne abbiamo fatto un piatto a parte, con un contorno classico di patate e cipolline.

«Al cuoco è sufficiente un piccolo intervento per innescare una catena di trasformazioni di rilievo, che creano gusti decisi e contrasti forti: la minima variazione in cottura oppure un *mariage* insolito, come il branzino con i datteri o i ricci con il caffè, dove la dolcezza aromatica del mare sposa l'amarezza acida della bevanda.

«Il nasello con la vaniglia è un omaggio a Senderens: ho ripreso l'accordo del suo *Homard à la vanille*, perché quel tipo di speziatura esalta a meraviglia la dolcezza della polpa. In tutti i casi si crea una simbiosi naturale fra i prodotti, perché il pesce è un ingrediente sensibilissimo, che si lascia moltiplicare a piacere».

Pesce

Trancio di nasello con asparagi verdi alla vaniglia

Ingredienti (per 4 persone)

Tranci di nasello 4 (da g 80 ciascuno)
Mazzo di asparagi verdi 1
Aglio 1 spicchio
Baccello di vaniglia ½
Brodo vegetale* dl 1
Burro g 20
Olio extravergine di oliva qb
Pepe di Sichuan qb
Sale e pepe qb

Utensili

Cestino per la cottura a vapore

Tempo totale: 15'

Preparazione

05' Pelate gli asparagi con un pelapatate, separate le punte dai gambi e tagliate questi ultimi a becco di flauto.

Finitura

10' Cuocete i tranci di nasello nel *cestino per la cottura a vapore* con poco sale e qualche grano di *pepe di Sichuan* per circa 5 minuti.
Nel frattempo *spadellate* gli asparagi per circa 4 minuti con un filo di olio extravergine di oliva, una noce di burro, l'aglio, mezzo baccello di vaniglia, aperto e grattato, e il brodo vegetale (ricetta di base); aggiustate di sale e pepe. Disponete i tranci di nasello al centro dei piatti e unite la verdura. *Salsate* con un goccio di fondo di cottura degli asparagi e decorate con un po' di vaniglia.

Mi piace utilizzare la vaniglia anche al di fuori della pasticceria: con gli asparagi verdi, per esempio, forma un connubio perfetto, perché la dolcezza della spezia e l'aromaticità della verdura sembrano quasi aprire le papille.

DOLCE / SALATO / CROCCANTE / SPEZIATO

Crema di rafano, cacao al peperoncino e tartufi di mare

Ingredienti (per 4 persone)

Radici di rafano 3
Massa di cacao puro g 10
Tartufi di mare 8
Sedano verde g 50
Panna dl 5
Albumi 4
Peperoncino in polvere qb
Olio extravergine di oliva qb
Sale qb

Utensili

Centrifuga
Cestino per la cottura a vapore
4 coppe di vetro
Pelapatate
Termometro da cucina

Tempo totale: 35'

Preparazione

25'

1. Pelate il rafano con un pelapatate, spremetene il succo con una centrifuga e pesatene 10 g.

2. Fate *ridurre* la panna della metà in un piccolo tegame. Quando sarà fredda mescolatela con gli albumi, il succo di rafano e il sale.

3. Distribuite in 4 coppe di vetro trasparenti la massa di cacao puro tritata e il peperoncino, poi versate il composto a base di panna.

4. Aprite i tartufi di mare; pelate, snervate e tagliate a *julienne* il sedano.

Finitura

10'

Cuocete la crema di rafano a bagnomaria o nel *cestino per la cottura a vapore* per 6-7 minuti alla temperatura di 90 °C.
Prima di servire disponete sopra i tartufi di mare crudi con due striscioline di sedano a julienne e condite con un filo di olio extravergine di oliva e un pizzico di peperoncino a piacere.

Un piatto ricco e contrastato, nel quale spiccano le personalità decise del rafano e dei tartufi di mare, l'aromaticità del cacao e la speziatura piccante del peperoncino. Va degustato con una Malvasia secca del Friuli leggermente barricata, per i suoi profumi pieni e persistenti.

LIQUIDO / DOLCE / SALATO / SPEZIATO

Astice blu alla birra con bruscandoli

Ingredienti (per 4 persone)

Astice blu 1
Birra lager dl 3
Bruscandoli g 120
Aglio 1 spicchio
Scalogno ½
Burro g 20
Olio extravergine di oliva qb
Sale di Maldon qb
Sale e pepe qb

Utensili

Colino

Tempo totale: 50'

Preparazione

40'

1. Mondate e tritate i *bruscandoli*.

2. Cuocete l'astice allo spiedo oppure in una casseruola con poco olio, l'aglio e 1 dl di birra. Fatelo andare per circa 8 minuti, *nappandolo* continuamente con il suo fondo di cottura.

3. Tritate lo scalogno. Fatelo appassire con una noce di burro e unite i bruscandoli; bagnate con 2 dl di birra e lasciate che si riduca della metà. Passate la riduzione al colino, poi aggiustate di sale e di pepe.

Finitura

10'

Separate le chele dal corpo degli astici, aprite il carapace, rimettete la polpa delle code nel fondo di cottura leggermente ridotto e *glassatela* per circa un minuto.
Disponete su ogni piatto fondo due cucchiai di riduzione di birra e adagiate l'astice nel mezzo. Condite con un filo di olio extravergine di oliva e poco *sale di Maldon*. Nel caso di una cottura allo spiedo, decorate a piacere con un pizzico di cenere.

Un piatto in equilibrio fra la tendenza dolce dell'astice e il finale acido/amarognolo della birra con i bruscandoli. Si abbina con un blend friulano di Tocai, Ribolla Gialla e Chardonnay per l'aromaticità, il gusto avvolgente, le note fruttate, minerali e tostate del legno.

DOLCE / SALATO / AMARO

Trancio di branzino dorato con datteri, puntarelle e patate viola

Ingredienti (per 4 persone)

Tranci di branzino 4 (da 120 g ciascuno)
Datteri freschi 4
Cimette di puntarelle 16
Patate viola 4
Aglio 1 spicchio
Rametto di timo 1
Brodo vegetale* dl 1
Burro g 20
Olio extravergine di oliva qb
Sale di Maldon qb
Sale qb

Preparazione

10' Sbucciate e *tornite* le patate viola. Mondate le puntarelle e staccate 16 cimette. Tagliate i datteri snocciolati in quattro parti.

Finitura

20' Scaldate una padella con un filo di olio extravergine di oliva e *rosolate* i tranci di branzino sul lato della pelle; quando saranno dorati giratelli, aggiungete una noce di burro, l'aglio e il rametto di timo, aggiungetevi poi *sale di Maldon*. Proseguite la cottura per circa 8 minuti.
Nel frattempo rosolate in una casseruola con poco olio extravergine di oliva le patate viola, unite le cimette delle puntarelle e fatele insaporire per qualche minuto, poi salate e coprite la verdura con il brodo vegetale (ricetta di base). Dopo circa 8 minuti, quando il fondo di cottura si sarà asciugato, regolate di sale e unite i datteri.
Disponete la guarnizione sui piatti. Aggiungete i tranci di branzino e conditeli con un filo di olio extravergine di oliva.

Il connubio del pesce con l'esotismo dei datteri e la nota amarognola delle puntarelle forma un gusto agrodolce vecchio stampo, direi quasi d'antan. È un piatto mediterraneo, succulento, persistente e complesso, da abbinare con un Pigato ligure per la complessità e la mineralità.

Tempo totale: **30'**

Bruschetta con pomodoro, scampi e olive nere

Ingredienti (per 4 persone)

Panini o "petite baguette" 2 (da 40 g ciascuno)
Pomodorini 10
Scampi 4
Olive nere 8
Zucchero g 10
Lattuga di mare in foglie essiccate 2 foglie
Olio extravergine di oliva qb
Sale grosso 1 pizzico
Sale di Maldon qb

Utensili

Affettatrice
Cestino per la cottura a vapore

Tempo totale: 2^{h}30'

Preparazione

2^{h}20'

1. Tagliate i panini a fette dello spessore di 1 cm con un'affettatrice. Snocciolate e tritate le olive nere con un coltello.

2. Tostate le fette di pane per 10 minuti nel forno scaldato a 100 °C.

3. Cuocete i pomodorini per 2 ore nel forno scaldato a 100 °C con un filo di olio extravergine di oliva, sale grosso e una spolverata di zucchero.

4. Tagliate i pomodorini *confit* in quarti e disponeteli sul pane. Quindi sgusciate gli scampi.

Finitura

10'

Cuocete le code degli scampi nel *cestino per la cottura a vapore* per circa 4 minuti, tagliatele a medaglioni e adagiatele sul pane con il pomodoro.
Condite la bruschetta con un filo di olio extravergine di oliva, *sale di Maldon*, olive nere tritate e lattuga di mare.

La fragranza del pomodoro, sullo sfondo acido e speziato del condimento con le olive, spezza la tendenza dolce dello scampo. Sposano un metodo classico da uve Pinot Nero, per il corpo robusto, il finale di bocca burroso e mielato.

CROCCANTE / ACIDO / DOLCE / AMARO / TEMPERATURA

Trippe di capesante in umido, patate e cipolline

Ingredienti (per 4 persone)

Frange di capesante g 300
Patate Ratte 4
Cipolline 4
Pomodorini ciliegia 12
Scalogno 1
Carota 1
Costa di sedano 1
Aglio 1 spicchio
Rametto di timo fresco 1
Asparagi di mare 16
Vino bianco g 20
Fumetto di pesce* dl 1
Burro g 20
Olio extravergine di oliva qb
Sale di Maldon qb
Sale e pepe qb

PER L'OLIO AL PREZZEMOLO
Prezzemolo in foglie g 200
Olio extravergine di oliva g 100

Utensili

Pelapatate

Tempo totale: $5^h 40'$

Preparazione $3^h 25'$

1. Gettate i pomodorini per 10 secondi in una pentola di acqua bollente e pelateli. Tritate l'aglio. Sfogliate il rametto di timo.

2. Sistemate i pomodorini su una placca antiaderente con un filo di olio extravergine di oliva, un pizzico di *sale di Maldon*, l'aglio tritato e le foglioline di timo.

3. Cuocete i pomodorini *confit* nel forno scaldato a 75 °C per 3 ore, girandoli di tanto in tanto.

4. Nel frattempo pulite le frange delle capesante; pelate le patate e tagliatele a fette; sbucciate le cipolline e tagliatele a metà.

5. Mondate gli odori e tagliateli a *brunoise* regolare. Tagliate a bastoncini gli asparagi di mare.

6. Frullate il prezzemolo con 100 g di olio extravergine di oliva e passate il liquido con un colino.

Finitura $2^h 15'$

Scaldate un tegame con un filo di olio extravergine di oliva e *rosolate* le frange delle capesante, unite la brunoise degli odori, bagnate con il vino bianco e coprite con il fumetto di pesce (ricetta di base) bollente. Proseguite la cottura per circa 2 ore e regolate di sale.
In una casseruola a parte *saltate* con un filo di olio extravergine di oliva e una noce di burro le patate e le cipolline, salate e pepate.
Distribuite le verdure al centro dei piatti, unite le trippe delle capesante, alcuni ciliegini confit, un filo di olio di prezzemolo e qualche bastoncino di asparagi di mare.

In cucina è una sfida non buttare via niente: persino le frange delle capesante possono essere buonissime, ma nessuno aveva pensato a farne un piatto. Le abbiamo chiamate "trippe" perché ricordano quel taglio, per la forma, la consistenza e la cottura lunga che richiedono.

Gamberi rossi di Sanremo con melanzane, pomodori e Campari

Ingredienti (per 4 persone)

Gamberi rossi 12
Fette di melanzana 8
Pomodori 2
Bitter Campari dl 1
Olio extravergine di oliva qb
Sale di Maldon qb

Utensili

Piastra

Tempo totale: 35'

Preparazione

20'

1. Gettate i pomodori per 10 secondi in una pentola di acqua bollente, mondateli, apriteli in 4 spicchi ed eliminate l'acqua con i semi, in modo da ricavare 8 petali.

2. Sgusciate le code dei gamberi.

3. In un piccolo tegame fate ridurre il Campari della metà.

Finitura

15'

Cuocete sulla piastra con un filo d'olio, per 3 minuti su entrambi i lati, le fette di melanzana, i petali di pomodoro e le code di gambero.
Versate in una fondina la riduzione di Campari e disponete in sequenza le melanzane, i gamberi e i petali di pomodoro. Finite la preparazione con poco *sale di Maldon* e un filo di olio extravergine di oliva.

Un piatto aromatico e succulento. Va abbinato con uno spumante importante, come un metodo classico millesimato da uve Pinot Nero, per la complessità e l'avvolgenza.

Baccalà al vapore con purea di verza e germogli di crescione

Ingredienti (per 4 persone)

Tranci di baccalà
dissalati 4 (da g 80 ciascuno)
Cavolo verza 1
Germogli di crescione misti
(rossi e verdi) g 10
Scalogni 2
Brodo vegetale* dl 5
Olio extravergine di oliva qb
Sale di Maldon qb
Sale qb

Preparazione

50'

1. Affettate sottilmente gli scalogni. Mondate e sfogliate il cavolo verza.

2. Soffriggete gli scalogni con un filo di olio extravergine di oliva, unite la verza e fatela insaporire. Bagnate con brodo vegetale (ricetta di base) e cuocete con il coperchio per almeno 30 minuti. Alla fine regolate di sale.

3. Quando il liquido si sarà asciugato, frullate la verdura con un mixer e *montate* la purea con poco olio extravergine di oliva.

Finitura

10'

Cuocete i tranci di baccalà nel *cestino per la cottura a vapore*, per circa 6 minuti. Stendete un cucchiaio di purea di verza al centro dei piatti e unite i tranci di baccalà. Aggiungete i germogli di crescione misti, condite con un filo di olio extravergine di oliva e completate con un pizzico di *sale di Maldon*.

La succulenza del baccalà è spezzata dall'aromaticità della verza e chiusa dal gusto amarognolo del crescione. Un Sauvignon dell'Alto Adige aiuterà a ripulire il palato con la sua acidità, la freschezza aromatica varietale e il finale di bocca mentolato.

Utensili

Mixer
Cestino per la cottura a vapore

Tempo totale: **1ʰ**

Non c'è gioia senza carne e vino, dice la saggezza popolare; il quinto quarto, però, ha qualcosa in più degli altri quattro: nessuno chef sa esaltarne come Cracco la deliziosa dimensione apollinea. Lungo tutta l'esperienza di *Cracco*, il suo filo ha inanellato i rognoni e le animelle, la trippa e il musetto, le creste e i barbigli di gallo, fino al midollo, fra i massimi emblemi della gastronomia milanese, che ha trovato in via Victor Hugo una nuova gloria.

"Proprio ciò che delle componenti organiche è disgustoso ci fa intuire qualcosa di sublime. Rabbrividiamo dinanzi ad esse come dinanzi a fantasmi, e in quest'insolita mescolanza presentiamo con terrore infantile un mondo misterioso", scrisse a suo tempo Novalis, al quale questi piatti sarebbero probabilmente piaciuti.

«Oggi la carne sembra avere perso la sua centralità nell'alta cucina. Un filetto è sempre un ingrediente chiuso: è lui ad importi la cottura ideale, è lui a dettarti la struttura del piatto. Le variabili fondamentali sono due: la qualità della carne e l'accostamento con eventuali contorni, salse e farce, quindi il gioco resta fatalmente limitato.

«Le frattaglie sono molto più aperte alle fantasie di uno chef. Sono parti "meno nobili", che però hanno una versatilità insuperabile, perché possono essere declinate a piacere, cambiando gusto e struttura secondo il trattamento. La loro stessa varietà apre un mondo sconfinato, perché sono tanti organi di tutti gli animali. Ognuno di essi ha caratteristiche diverse, che si lasciano a loro volta trasformare. Il cuore dell'animella, per esempio, è morbido, ma la superficie può diventare molto croccante, se viene cotta nel modo giusto. Prendiamo anche il rognone, che piaceva tanto a Joyce: può essere tagliato sottilissimo, come facciamo noi, a spezzatino, a mo' di *ragoût* oppure cotto intero nel suo grasso, per cui sembra lesso, mentre invece è *confit*... La materia prima in tutti i casi resta un parametro cruciale; spesso facciamo ricorso al biologico, ad esempio per maiali e piccioni, non tanto per ragioni ideologiche, quanto per la cura che c'è dietro ai prodotti».

Rognone di vitello con ricci di mare

Ingredienti (per 4 persone)

Rognone di vitello g 400
Lingue di riccio 60
Spugnole bianche g 80
Sugo di vitello* dl 0,5
Olio extravergine di oliva qb
Sale di Maldon qb
Sale qb

Utensili
Pennello

Tempo totale: 45'

Preparazione

20'

1. Mondate le spugnole, cambiando l'acqua più volte, terminate la pulizia con un pennello e tagliatele in modo da ottenere delle cimette.

2. *Spadellatele* in una casseruola con un filo d'olio extravergine di oliva e un pizzico di sale.

Finitura

25'

Scaldate una casseruola con un fondo d'olio e cuocete il rognone con un pizzico di sale per circa 8 minuti. Lasciatelo riposare per 5 minuti, poi affettatelo finemente.
Disponete le fettine a corona su un foglio di carta da forno, unite i ricci di mare e le spugnole bianche, poi cospargete con un filo di olio extravergine di oliva e un pizzico di *sale di Maldon*.
Coprite con carta da forno e infornate per 4-5 minuti a 250 °C. Distribuite gli ingredienti sui piatti, *salsate* con poco sugo di vitello (ricetta di base) e servite.

Il piatto è dominato dal contrasto fra la nota aromatica del rognone, con la sensazione sanguigna dovuta alla cottura veloce, e la mineralità iodata del riccio crudo. Troverà un ottimo complemento in un Vin Santo del Chianti Classico evoluto, con il suo gusto dolce/secco e il finale caramellato, che mitigherà la tendenza amarognola della carne.

TEMPERATURA / DOLCE / SALATO / ACIDO

Vitello impanato alla milanese con petali di pomodoro gratinati

Ingredienti (per 4 persone)

Carré di vitello kg 1
Pomodori 3
Spinaci g 300
Pane in cassetta g 300
Uova intere 3
Burro chiarificato* g 200
Olio extravergine di oliva qb
Sale di Maldon qb
Sale e pepe qb

PER IL PANE ALLE ERBE
Pane in cassetta g 300
Erbe miste
(erba cipollina, prezzemolo,
aneto, dragoncello) g 100
Burro g 200
Sale e pepe qb

Utensili

Frusta
Mixer
Salamandra
Setaccio
Coppapasta rotondo
(diametro cm 3)

Tempo totale:
escluso il tempo di riposo del
burro composto (2^h)

Preparazione

1^h

1. Private della crosta, frullate e passate al setaccio il pane in cassetta.

2. Immergete i pomodori per 5 secondi in acqua bollente, pelateli e tagliateli in 4 spicchi. Eliminate l'acqua con i semi, così da ricavare 12 petali regolari.

3. Sfogliate e tritate finemente tutte le erbe. Sbattete le uova. Mondate quindi gli spinaci.

4. Pareggiate il carré, eliminando tutte le parti grasse e nervose. Tagliate delle fette alte 4,5 cm, togliete entrambe le estremità basse laterali e dividete la polpa in modo da ricavare 3 cubi di dimensioni uguali.

5. Passate i cubi prima nelle uova, poi nel pane.

6. Ammorbidite il burro in pomata con una frusta, unite 300 g di pane in cassetta e le erbe, regolate di sale e di pepe. Stendete l'impasto tra due fogli di carta da forno e mettetelo in frigorifero per 2 ore, poi formate dei dischi con un *coppapasta* rotondo.

Finitura

$25'$

Cuocete i cubi di vitello su tutti i lati con il burro chiarificato, avendo cura di lasciare l'interno lievemente rosato. Fateli riposare per 2-3 minuti, poi infornateli a 200 °C per altrettanti minuti e aggiungetevi *sale di Maldon*.
Saltate gli spinaci con un filo di olio extravergine di oliva e utilizzateli per farcire i petali di pomodoro. Adagiate su ciascuno di essi un dischetto di pane alle erbe e fate *gratinare* sotto la *salamandra*.
Disponete sui piatti i cubi di vitello e i petali di pomodoro gratinati.

$1^h25'$

Un grande piatto firmato da Gualtiero Marchesi, che tengo sempre in carta in omaggio al mio maestro. Può essere degustato con una Bonarda dell'Oltrepò Pavese o un Sangiovese rosato giovane, morbido e leggermente acidulo, per ripulire il palato dall'untuosità della frittura.

Filetto di maiale alla liquirizia con sedani e cipolla di Tropea

Ingredienti (per 4 persone)

Filetto di maiale 1 (da g 600)
Stecca di liquirizia ½
Coste di sedano 3
Cipolle di Tropea 6
Brodo vegetale* dl 1
Aglio in camicia 2 spicchi
Rametto di timo 1
Burro g 220
Olio extravergine di oliva qb
Sale e pepe qb

Utensili

Colino cinese
Pelapatate

Tempo totale: 1ʰ 05'

Preparazione — 50'

1. Pareggiate il filetto di maiale e mettete da parte i ritagli, che serviranno per fare la salsa.

2. Porzionate quattro medaglioni e legateli con il filo gastronomico.

3. *Rosolate* i ritagli in una casseruola con un filo di olio extravergine di oliva; quando saranno dorati aggiungete una noce di burro e l'*aglio in camicia*, poi la liquirizia tagliata in piccoli pezzi.

4. Coprite a filo d'acqua e lasciate *sobbollire* per 10 minuti, poi passate il liquido con un *colino cinese* e fatelo *ridurre*.

5. Sbucciate le cipolle di Tropea, tagliatele a *julienne* e fatele *appassire* con un filo di olio extravergine di oliva. Bagnate quindi con un goccio di brodo vegetale (ricetta di base) e regolate di sale.

6. Tagliate il sedano a bastoncini lunghi 3-4 cm, pelateli e cuocetcli, con il resto del brodo in una casseruola a parte, per 4 minuti.

Finitura — 15'

Rosolate i medaglioni in una padella su entrambe le facce con il timo e 200 g di burro, lasciandoli rosati, salate e pepate. Disponete al centro dei piatti un letto di fonduta di cipolle, adagiatevi i filetti, sistemate a lato i bastoncini di sedano e *nappate* con la salsa. Decorate con un pezzetto di liquirizia e servite.

Un piatto grasso e succulento, a causa della carne di maiale, sullo sfondo aromatico della liquirizia e della cipolla di Tropea. Va degustato con un Sangiovese toscano di media evoluzione, per le sue caratteristiche olfattive di frutti rossi, le nuance speziate e la leggera acidità.

Musetto di maiale fondente con scampi e pomodori verdi

Ingredienti (per 4 persone)

Musetti di maiale 4
Scampi 4
Pomodoro verde 1
Carota 1
Costa di sedano 1
Cucchiai di aceto 2
Olio extravergine di oliva qb
Sale qb

PER IL CROCCANTE DI POLENTA
Farina di mais Marano Ottofile g 50
Acqua dl 2,5
Sale g 4

Tempo totale:

Preparazione

$3^h 50'$

1. Mondate e tritate carota e sedano.

2. Sbollentate il musetto di maiale in una pentola di acqua salata con un cucchiaio di aceto; *brasatelo* con gli odori nel forno scaldato a 150 °C per 3 ore, senza aggiunta di grassi.

3. Nel frattempo preparate il croccante di polenta: cuocete la farina di mais per 30 minuti, preferibilmente in un paiolo di rame con coperchio, aggiungendovi acqua e sale. Distribuite il composto su 3 fogli di carta da forno oliati, ricopritelo con altri 3 fogli e stendetelo finemente con un matterello. Infornate a 170 °C per 30 minuti, fino a ottenere delle cialde dorate e croccanti.

4. Gettate il pomodoro verde per 10 secondi in una pentola di acqua bollente, pelatelo e tagliate una piccola dadolata.

5. Preparate una *vinaigrette* con il resto dell'aceto, il fondo di cottura del musetto, la dadolata di pomodoro e un cucchiaio di olio extravergine di oliva.

Finitura

10'

Sgusciate gli scampi e scottatene le code in padella con un filo di olio extravergine di oliva. Disponete sui piatti il musetto con gli scampi, appoggiate nel mezzo un croccante e condite con la vinaigrette.

Un piatto storico del ristorante. Il nostro taglio a cubi comporta molti scarti, che possono essere riciclati in una cassoeûla, aggiungendo la carne a una base di verze brasate. I contrasti fra la succulenza del musetto, la tendenza dolce degli scampi e la nota acidula del pomodoro richiamano uno Chardonnay barricato evoluto, con note grasse, burrose e di frutta matura.

4^h

Petto di piccione allo spiedo con peperoni arrostiti

Ingredienti (per 4 persone)

Piccioni 4 (da g 400 ciascuno)
Peperoni rossi 2
Peperoni gialli 2
Scalogni 2
Rametto di salvia 1
Aglio in camicia 1 spicchio
Burro g 40
Olio extravergine di oliva qb
Sale di Maldon qb
Sale qb

Utensili

Colino

Tempo totale: $2^h 45'$

Preparazione

$2^h 30'$

1. Vuotate i piccioni, *fiammeggiateli* e staccate i petti dalle carcasse. Tagliate grossolanamente gli scalogni.

2. Spezzettate le carcasse dei piccioni e *rosolatele* con un filo d'olio, poi aggiungete una noce di burro; quando saranno colorate unite gli scalogni, la salvia e l'*aglio in camicia*, *fate sudare* e coprite a filo d'acqua. Lasciate *ridurre* per un'ora, filtrate con un colino, restringete a consistenza sciropposa e *montate* a piacere con una noce di burro.

3. Nel frattempo arrostite i peperoni sulla griglia e pelateli, mettendo da parte la pelle. Eliminate i semi e tagliate la polpa a filetti. Conditela con un filo di olio extravergine di oliva e un pizzico di sale.

4. Seccate la pelle dei peperoni nel forno scaldato a 70 °C per circa 2 ore e tritatela finemente con un coltello.

Finitura

$15'$

Cuocete i petti di piccione allo spiedo oppure in casseruola con un filo di olio extravergine di oliva per 12 minuti. Dopo qualche minuto di riposo *scaloppateli* sottilmente, conditeli con *sale di Maldon*, olio extravergine di oliva e un pizzico di polvere di peperone.
Disponeteli sui piatti e unite i filetti di peperone tiepidi. *Salsate* con poco sugo di piccione.

Per il piccione ricorriamo al biologico: quello di Marcantoni è fra i migliori sul mercato. La ricetta si abbina a un Montepulciano d'Abruzzo per l'avvolgenza, la complessità e la personalità, i tannini decisi, le nuance di more, ginepro, cioccolato e menta, in grado di contrastare l'aromaticità del peperone e la nota selvatica della carne.

Midollo nell'osso gratinato con zucca e verdure all'olio

Ingredienti (per 4 persone)

Pezzi di midollo alti 6-7 cm, ricavati nella parte centrale dell'osso intero 4
Zucca fresca kg 1

PER LE VERDURE
Punte di asparagi verdi 4
Finocchi baby (oppure 4 spicchi ricavati nel cuore di un finocchio) 4
Radicchi trevigiani baby (oppure 4 spicchi ricavati nel cuore di un radicchio trevigiano) 4
Pomodori 2
Cimette di puntarelle 4
Aglio 1 spicchio
Olio extravergine di oliva qb
Sale e pepe qb

Utensili

Colino cinese
Mixer
Cestino per la cottura a vapore
Salamandra

Tempo totale: 2^{h}45'

Preparazione

2^{h}30'

1. Raschiate con un coltellino la parte esterna delle ossa, in modo da eliminare i residui di carne e le cartilagini.

2. Con una leggera pressione del pollice, estraete il midollo dall'osso e tagliatene un quarto. Rimettetelo nell'osso e cuocetelo nel *cestino per la cottura a vapore* per 2-3 minuti. Ricavate 4 fettine nel resto del midollo. Ciò che avanza potrà essere utilizzato per un'altra preparazione.

3. Mondate la zucca e spezzettatela grossolanamente (i semi di zucca potranno essere essiccati e utilizzati per la ricetta a pagina 166). Cuocetela nel forno scaldato a 160 °C per 2 ore.
A cottura ultimata, sistematela in un *colino cinese* e fatela scolare dentro un recipiente, in modo da eliminare l'acqua dalla polpa.

4. Fate raffreddare la polpa in frigorifero, salatela e frullatela con un mixer.

5. Mondate le verdure. Tagliate il carciofo in 4 spicchi.

Finitura

15'

Cuocete le verdure in una casseruola con un filo di olio extravergine di oliva, aglio, sale, pepe e un goccio d'acqua. Aggiungete nell'osso del midollo un pizzico di sale, riempitelo fino all'orlo con la purea di zucca e coprite il tutto con una piccola fetta di midollo. *Gratinate* sotto la *salamandra* fino a doratura. Distribuite i pezzi di carne e le verdure sui piatti caldi.

Avevo sempre considerato il midollo un semplice complemento, ma quando ho scoperto la sua importanza per la cucina milanese, dai risotti agli ossibuchi, ho cercato di farne un piatto: può essere il nostro foie gras. Ricco e succulento, in questo caso si abbina a una Bonarda vivace, per la sua leggera effervescenza, i tannini delicati, le note floreali e fruttate.

LIQUIDO / TEMPERATURA / DOLCE / SALATO

ANIMELLE DI VITELLO CON CARCIOFI AL CAFFÈ E SCORZONERA

Ingredienti (per 4 persone)

Animelle di vitello 4 (da g 80 ciascuna)
Carciofi 4
Radici di scorzonera 4
Chicchi di caffè 8
Aglio 1 spicchio
Burro g 40
Olio extravergine di oliva qb
Sale e pepe qb

Preparazione

15' — Mondate i carciofi e tagliateli in 4 spicchi. Pelate le radici di scorzonera e ricavate dei bastoncini regolari lunghi 5 cm.

Finitura

30' — *Rosolate* in una casseruola le animelle di vitello con un filo di olio extravergine di oliva, una noce di burro e l'aglio. Unite gli spicchi di carciofo, i bastoncini di scorzonera e i chicchi di caffè, poi salate.
Quando le verdure saranno cotte, togliete la casseruola dal fuoco e disponete le animelle, i carciofi e la scorzonera al centro dei piatti.
Deglassate la casseruola con un goccio d'acqua, in modo da recuperare il fondo di cottura, legatelo con una noce di burro, aggiustate di sale e di pepe, *salsate* e servite.

Mi piace rosolare le animelle fino a renderle croccanti: assumono una consistenza simile alle scaloppe di foie gras. In bocca sono delicatissime, per cui vanno a nozze con l'amarognolo dei carciofi e del caffè, che è anche un po' acidulo e dà un tocco aromatico al tutto.

CROCCANTE / SALATO / AMARO / ACIDO

Utensili

Pelapatate

Tempo totale: 45'

Filetto di capriolo al pepe verde, melagrana e sedano rapa

Ingredienti (per 4 persone)

Sella di capriolo 1 (da g 400)
Melagrane 2
Sedano rapa 1
Senape al pepe verde g 20
Rete di maiale g 80
Costa di sedano 1
Carota 1
Cipolla 1
Foglia di alloro 1
Bacche di ginepro 3
Aglio 2 spicchi
Grani di pepe nero 3
Vino rosso (preferibilmente Teroldego rotaliano) dl 1
Cubetto di cioccolato fondente 1
Burro g 100
Olio extravergine di oliva qb
Sale di Maldon qb
Sale qb

Utensili

Affettatrice
Colino
Frullatore
Spatola

Tempo totale: 2^h

Preparazione

$1^h 50'$

1. Disossate la sella, staccando i filetti, e ricavate delle nocette alte 4 cm. Pulite e tagliate a cubetti sedano, carota e cipolla. Preparate un mazzetto guarnito richiudendo in un pezzo di garza la foglia d'alloro, le bacche di ginepro, l'aglio e i grani di pepe nero.

2. Spezzettate le ossa e *rosolatele* con un filo d'olio, poi aggiungete una noce di burro; quando saranno colorate unite gli odori con il mazzetto guarnito, *fate sudare* e bagnate con il vino rosso.
Lasciate evaporare, coprite a filo d'acqua, fate *ridurre* per un'ora, filtrate e restringete a consistenza sciropposa; alla fine incorporate il cioccolato fondente e montate a piacere con una noce di burro.

3. Nel frattempo aprite le melagrane, prelevate i chicchi, mettetene da parte una manciata e frullate gli altri. Passate il succo ottenuto con un colino e fatelo ridurre in un piccolo tegame, fino a ottenere una salsa sciropposa.

4. Con l'ausilio di una spatola, spalmate i filetti di capriolo di senape al pepe verde e avvolgeteli nella rete di maiale.

5. Mondate il sedano rapa, ricavate nel centro 8 fettine sottili con un'affettatrice; spezzettate grossolanamente il resto, lessatelo in abbondante acqua salata, raffreddatelo e frullatelo con poco olio e sale. Cuocete le lamelle di sedano rapa in pochissima acqua, con un goccio d'olio e un pizzico di sale, per circa 2 minuti in modo che restino al dente.

Finitura

$10'$

Rosolate i filetti di capriolo in una casseruola con un filo d'olio e 60 g di burro per circa 7 minuti. Disponete la purea di sedano rapa nei piatti, appoggiatevi le fettine di sedano rapa e le nocette di capriolo; poi salate con *sale di Maldon*. Cospargete con poca salsa di melagrana e sugo di capriolo, decorate con qualche chicco di melagrana e la senape al pepe verde, quindi servite.

Classica ricetta di selvaggina con la frutta, a parte il tocco vagamente postmoderno della senape al pepe verde, utilizzata al posto della spezia in grani. L'effetto visivo non è male, con lo sfondo chiaro del sedano rapa, il rosso vivo della carne con la melagrana e il verde del condimento, che è il suo colore complementare.

Gabriele D'Annunzio andava ghiotto dello squisito mascarpone "di Lombardia", di cui lamentava solo «l'orribile nome, offensivo della sua delicatezza pastorale anzi vergiliana»: a suo giudizio formava un "accordo mistico" col pecorino. Ancora oggi è uno dei fiori all'occhiello del carrello di *Cracco*, che vanta tutti formaggi nazionali a latte crudo, selezionati in tandem con la gastronomia: una trentina di tipologie provenienti da tutte le regioni d'Italia, servite al naturale, con mostarde, mieli e pani speciali su richiesta.

«Prima del dolce però ci piace servire i formaggi anche in forma elaborata, per valorizzarne in modo nuovo le differenze di struttura e di sapore. Li accostiamo volentieri alla frutta, strizzando l'occhio alla tradizione, ma anche a nuovi aromi, come le olive nere polverizzate e il gruè di cacao, che con la tannicità delle noci non pelate e il fruttato del gruyère forma un accordo spettacolare.

«Il Parmigiano ovviamente gioca un ruolo di primo piano: è un *unicum*, la massima espressione della nostra biodiversità. Davanti ad un prodotto simile la cucina può solo inchinarsi, diventando ancora più minimalista. Poi c'è il mascarpone, che è l'anima di tanti piatti, dal Tiramisù leggero cotto al vapore al Soufflé con i pistacchi e la polvere di olive nere, al Flan con la frutta secca e la menta. In cima adagiamo una caramella di X-Fresh, verdissima e quadrata, come nel dessert di lime: può ricordare l'uso degli *objets trouvés*, quei brandelli di cose quotidiane, dai titoli dei giornali ai rottami, che alle avanguardie piaceva tanto incastonare dentro alle composizioni, per creare effetti di contrasto».

Formaggi

Crema di Parmigiano e pere con miele d'acacia

Ingredienti (per 4 persone)

Parmigiano reggiano grattugiato g 20
Pere Williams 4
Miele di acacia g 100
Zucchero g 50
Fogli di colla di pesce 2
Semi di zucca 20
Cioccolato di copertura (con il 70% di cacao) g 100

Utensili

4 coppe
Frusta
Mixer

Tempo totale: 4h 40'

Preparazione

4h 30'

1. Pulite i semi di zucca con un pezzo di carta e fateli seccare in forno per 4 ore a 70 °C. Sciogliete il cioccolato a bagnomaria e immergetevi brevemente pochi semi alla volta, con una forchetta. Fate sgocciolare l'eccedente e lasciate che i semi si asciughino su un foglio di carta da forno.

2. Sbucciate le pere ed eliminate il torsolo. Frullare la polpa con lo zucchero.

3. Mettete a bagno per qualche minuto i fogli di colla di pesce in una ciotola di acqua tiepida.

4. Sciogliete un foglio di colla di pesce in un pentolino con un goccio d'acqua, unitelo alla polpa di pere e incorporate il Parmigiano reggiano grattugiato. Amalgamate l'insieme con l'ausilio di una frusta, versatelo in 4 coppe e riponetelo in frigorifero finché non si rapprende.

5. Fate sgocciolare il secondo foglio di colla di pesce e unitelo al miele, riscaldato in un pentolino. Lasciate quindi rapprendere il composto in frigorifero.

Finitura

10'

Al momento dell'uso frullate la gelatina di miele con un mixer, fino a ottenere una schiuma. Disponetela sulla polpa di pera e servite il dessert freddo. Decorate a piacere con una lamella di pera essiccata (vedi ricetta a pagina 98) e qualche seme di zucca glassato.

Un piatto aromatico e saporito, grazie al Parmigiano, con un finale dolce e ammandorlato dovuto al miele d'acacia. Va degustato con un Verduzzo friulano, per smorzare la persistenza del formaggio.

SALATO / ACIDO / SPEZIATO

Tiramisù leggero cotto al vapore

Ingredienti (per 4 persone)

Mascarpone g 80
Savoiardi g 40
Caffè dl 1
Latte dl 1
Baccello di vaniglia ½
Tuorlo d'uovo g 25
Zucchero g 45
Farina g 10
Albume 1
Gocce di cioccolato g 20
Cacao in polvere g 50
Sale qb

Utensili

Frusta
Pentola per la cottura a vapore
(preferibilmente *wok* d'acciaio)
Tazze di vetro

Tempo totale: 35'

Preparazione

30'

1. Tagliate i savoiardi a cubetti. In un piccolo tegame fate andare a fuoco lento il caffè e *riducetelo* a consistenza sciropposa fino a ottenerne circa 2 cucchiai.

2. Portate a ebollizione il latte con 1/2 baccello di vaniglia aperto e grattato.

3. A parte mescolate il tuorlo con 20 g di zucchero e un pizzico di sale, poi incorporate la farina.

4. Versate il latte caldo sul composto preparato e rimettetelo sul fuoco per circa 5 minuti. Fate raffreddare la crema.

5. In un altro recipiente *montate a neve* l'albume con 25 g di zucchero.

6. Unite alla crema il mascarpone, quindi incorporate l'albume ben fermo.

7. Disponete il composto dentro tazze di vetro, formando strati con i dadini di savoiardi, la riduzione di caffè e le gocce di cioccolato.

Finitura

05'

Cuocete il tiramisù in una pentola per la cottura a vapore per circa 4 minuti e spolverizzatelo di cacao in polvere subito prima di servire.

La cottura trasforma il tiramisù in un soufflé atipico: è una versione soffice e delicata, da servire tiepida. La speziatura della vaniglia, le note leggermente torrefatte del cacao e del caffè richiamano un Nasco passito sardo, ricco, complesso e persistente, con sensazioni di albicocca secca, pesca e agrumi.

Soufflé al mascarpone, olive nere e pistacchi

Ingredienti (per 4 persone)

Mascarpone g 80
Patè di olive nere g 50
Pistacchi freschi sgusciati g 20
Albumi 2
Sale e pepe qb

Utensili

Frusta
Cestino per la cottura a vapore
Stampini da soufflé

Tempo totale: 2$^\text{h}$05'

Preparazione

2$^\text{h}$

1. Stendete su un foglio di carta da forno uno strato sottile di patè di olive e infornatelo alla temperatura di 100 °C per circa 1 ora e 1/2. Quando sarà del tutto secco tritatelo finemente con un coltello, fino a ottenere una polvere.

2. Tritate con un coltello anche i pistacchi freschi.

3. *Montate* gli albumi *a neve* non troppo ferma con una frusta, unite il mascarpone, un pizzico di sale e una macinata di pepe. Mescolate poi delicatamente il composto, cercando di non smontarlo.

4. Distribuitelo in 4 stampini monoporzione da soufflé.

Finitura

05'

Cuocete i soufflé per 4 minuti nel *cestino per la cottura a vapore*, mantenendo il fuoco basso. A fine cottura spolverizzateli con la polvere di olive nere e il trito di pistacchi freschi, poi servite senza indugi.

Non è facile trovare dei soufflé nei ristoranti creativi, a parte la pasticceria forse. Gli albumi montati, però, possono far scattare tanti sapori, rendendoli più leggeri e rarefatti, come succede nel contrappunto fra il mascarpone, che è dolce e un po' grasso, la nota amara e decisa delle olive nere, che si sciolgono come fossero caffè, e l'aromaticità dei pistacchi, che sono colorati e anche un po' croccanti.

LIQUIDO / AMARO / DOLCE / SALATO

Semifreddo di ricotta, pere e miele

Ingredienti (per 4 persone)

Ricotta di Seirass g 70
Pera Williams 1
Miele d'acacia 1 cucchiaio
Cioccolato bianco g 30
Panna g 220
Albumi g 75
Zucchero g 100
Pere Martin Sech 4
Vino bianco dl 3

Utensili

Frullatore
Frusta
Tasca da pasticcere
con la bocchetta liscia

Tempo totale:
escluso il tempo di raffreddamento nel congelatore (30 minuti)

$1^h 45'$

Preparazione

$1^h 40'$

1. Sbucciate la pera Williams e tagliatela a *brunoise*. Tritate finemente il cioccolato bianco.

2. Frullate la ricotta con 40 g di panna e mettete il composto da parte.

3. *Montate* con una frusta il resto della panna; montate anche gli albumi con 50 g di zucchero in una ciotola a parte.

4. Unite alla ricotta la brunoise di pera Williams e il cioccolato sminuzzato, incorporate prima gli albumi, poi la panna montata.

5. Versate il composto in una *tasca da pasticcere* con la bocchetta liscia, formate delle mezze sfere e fatele raffreddare nel congelatore per 30 minuti.

6. Sbucciate le pere Martin Sech, privatele del torsolo e cuocetele con il vino bianco e 50 g di zucchero per circa 1 ora a fuoco lento. Fatele raffreddare nel loro sciroppo di cottura e affettatele finemente.

Finitura

$05'$

Disponete il semifreddo al centro dei piatti, unite le fettine di pere Martin Sech e un filo di miele di acacia. Decorate a piacere con qualche lamella di pera essiccata (per la ricetta vedi pagina 98).

Un dessert ricco, sullo sfondo acido e aromatico della pera. Sarà vivacizzato da un Vin Santo trentino da uve Nosiola, per le sue doti di freschezza e aromaticità.

Paccheri di gruyère in insalata con noci e gruè di cacao

Ingredienti (per 4 persone)

PER LA SALSA DI NOCI
Gherigli di noci g 140
Maggiorana fresca g 3
Olio extravergine di oliva dl 1,5
Sale e pepe bianco qb

PER L'INSALATA
Gruyère g 250
Insalata riccia g 40
Rucola g 20
Insalata lollo rossa g 20
Aneto g 10
Crescione rosso g 10
Crescione verde g 10
Acetosella g 10
Gherigli di noci g 40
Gruè di cacao g 20

PER IL CONDIMENTO
Acquavite di pere g 5
Olio extravergine di oliva
4 cucchiai
Sale di Maldon qb

Utensili

Affettatrice
Cannello
Frusta
Mixer
Macinino per il gruè

Tempo totale: 40'

Preparazione

30'

1. Frullate i gherigli di noce, l'olio di oliva e la maggiorana per 1 minuto; aggiungete poco sale e pepe bianco.

2. Tagliate con un'affettatrice delle fettine di gruyère dello spessore di 1 mm. Ricavate dei rettangoli di cm 7 x 10 e arrotolateli, dando loro la forma di paccheri. Fissate le estremità servendovi della fiamma di un *cannello* o della lama di un coltello, precedentemente scaldata.

3. Mondate e mescolate le insalate e le erbe.

Finitura

10'

Distribuite un cucchiaino di salsa di noci sul fondo dei piatti, adagiatevi un mucchietto di insalata e unite i paccheri in ordine sparso.
Montate con una frusta olio extravergine di oliva, acquavite di pere e *sale di Maldon*. Condite con questa emulsione gli elementi del piatto, cospargete di gherigli di noci e terminate macinando il gruè di cacao come se fosse pepe.

Ecco un modo nuovo per servire il formaggio, che coniuga la freschezza dell'insalata, la corposità del gruyère e l'aromaticità del gruè. Si abbina con un Vin Santo del Chianti Classico di media evoluzione, per il suo gusto dolce/asciutto, la persistenza e l'avvolgenza dei profumi, pari a quelli di formaggio e cacao.

Flan di mascarpone, frutta secca e menta

Ingredienti (per 4 persone)

Mascarpone g 40
Fichi secchi g 500
Mandorle sgusciate
con la buccia g 250
Caramelle X-Fresh
(gelatina di menta molto forte,
che si scioglie con il calore) 4
Fave di cacao g 8
Albumi g 80
Limone 1 (la scorza)
Burro qb
Sale e pepe bianco qb

Preparazione

30'

1. Macinate i fichi e le mandorle con un tritacarne, fino a ottenere una pasta omogenea. Modellatela a forma di mattonella, avvolgetela nella pellicola da cucina e riponetela in frigorifero per 1 ora.

2. Tagliatene a *julienne* 20 g: il resto potrà essere utilizzato per un'altra preparazione. Sminuzzate le fave di cacao.

3. *Montate* gli albumi *a neve* ferma, unite il mascarpone con la julienne di fichi e mandorle, regolate di sale e di pepe.

4. Imburrate 4 *cocottine* di porcellana, spargete all'interno le fave di cacao e la scorza di limone grattugiata, poi riempite con il composto preparato.

Finitura

05'

Cuocete i flan per circa 2 minuti nel *cestino per la cottura a vapore*. Applicate al centro le caramelle X-Fresh prima di servire.

La freschezza della menta contrasta il gusto ricco del mascarpone, mentre la frutta secca vivacizza la sua cremosità con elementi croccanti. È un classico piatto di mezzo, da abbinare con un Verdicchio muffato per la complessità, le note minerali e la sapidità.

LIQUIDO / DOLCE / SPEZIATO

Utensili

Cestino per la cottura a vapore
4 *cocottine* di porcellana
Frusta
Tritacarne

Tempo totale:
escluso il tempo di riposo
in frigorifero (1ʰ)

35'

Bignè di scamorza affumicata e Parmigiano

Ingredienti (per 4 persone)

Scamorza affumicata g 150
Albumi g 45

Parmigiano reggiano
grattugiato g 150
Albumi g 45

Olio extravergine di oliva qb
Sale qb

Preparazione

20'

1. Pelate la scamorza, spezzettatela grossolanamente e frullatela con un mixer. Aggiungete metà degli albumi e amalgamate.

2. Mescolate il resto degli albumi con il Parmigiano.

3. Lasciate riposare i composti per circa 3 ore in frigorifero, in 2 recipienti coperti di pellicola da cucina.

Finitura

30'

Formate con le mani delle palline regolari della grandezza di una nocciola e friggetele in abbondante olio extravergine di oliva per alcuni minuti, fino a doratura. Salate e servite.

Il formaggio ha due collocazioni classiche nel menu: in antipasto e per dessert. In questo caso è un appetizer da spizzicare con un calice di Prosecco di Cartizze, per l'acidità e la soavità dei profumi, in sintonia con l'aromaticità di scamorza e Parmigiano.

CROCCANTE / SALATO

Utensili

Mixer

Tempo totale:
escluso il tempo di riposo
in frigorifero (3h circa)

50'

Appendici

Le basi

Brodo di manzo

Ingredienti (per 3 litri)
Muscolo di manzo kg 1
Osso di manzo 1
Cipolle 2
Chiodi di garofano 2
Carote 2
Coste di sedano 2
Porro 1
Foglie di alloro 2
Gambi di prezzemolo qb
Pepe nero in grani qb

Mondate gli odori. Riunite in una pentola capace la carne, l'osso, le cipolle steccate con i chiodi di garofano, le carote, le coste di sedano, il porro, l'alloro, i gambi di prezzemolo, legati con il filo gastronomico, e i grani di pepe nero. Bagnate con 3 litri d'acqua e lasciate *sobbollire* per 1 ora e mezza, schiumando spesso. Filtrate in fine con un *colino cinese*.

Ricette: Risotto allo zafferano.

Brodo vegetale

Ingredienti (per 3 litri)
Cipolle 2
Carote 2
Coste di sedano 2
Porri 2
Spicchi di aglio 2
Pomodoro 1
Foglie di alloro 2
Gambi di prezzemolo qb
Chiodi di garofano qb
Pepe nero in grani qb
Olio qb

Mondate gli odori, affettateli e *fateli sudare* in un tegame con un filo d'olio. Innaffiate quindi con 1 litro e mezzo d'acqua, unite il pomodoro intero, l'alloro, i gambi di prezzemolo, legati con il filo gastronomico, i chiodi di garofano e i grani di pepe nero. Fate *sobbollire* per 40 minuti, schiumando spesso, e filtrate in fine con un *colino cinese*.

Ricette: Baccalà al vapore, Uovo essiccato, Riso al salto, Trancio di nasello, Capesante con finocchi, Tuorlo d'uovo marinato, Trancio di branzino, Filetto di maiale.

Fumetto di pesce

Ingredienti (per 1 litro)
Teste e lische di pesce kg 1
Porri 2
Costa di sedano 1
Spicchi di aglio 2
Vino bianco dl 1
Foglie di alloro 1
Gambi di prezzemolo qb
Pepe bianco in grani qb
Burro g 20

Pulite le lische e le teste di pesce, spezzettatele e fatele spurgare brevemente sotto un filo d'acqua corrente. *Fatele sudare* in un tegame con una noce di burro, unite gli odori mondati e affettati finemente. *Sfumate* poi con il vino bianco, innaffiate con 1 litro e mezzo d'acqua e incorporate l'alloro, i gambi di prezzemolo legati con il filo gastronomico e i grani di pepe bianco. Fate *sobbollire* per 30 minuti, schiumando spesso, e filtrate con un *colino cinese*.

Ricette: Trippe di capesante, Capesante con finocchi.

Sugo di vitello

Ingredienti (per 200 g)
Aglio 3 spicchi
Cipolle ramate 2
Foglie d'alloro 1
Ritagli di carne di vitello g 500
Burro g 50
Olio extravergine d'oliva g 20
Acqua l 4

Mondate le cipolle e tagliatele a dadini. *Rosolate* la carne spezzettata in una casseruola con il burro, unite la cipolla, l'alloro e l'*aglio in camicia* e *fateli sudare* girando. Bagnate con 2 litri e mezzo di acqua, staccate gli umori rappresi con un mestolo e *riducete* il liquido a consistenza sciroppposa. Ripetete l'operazione con la restante acqua e filtrate infine con un *colino cinese*.

Ricette: Rognone di vitello, Filetto di capriolo, Riso al salto, Ravioli di latte di capra, Ravioli di cotechino, Petto di piccione.

Glossario

Aglio in camicia o **vestito**
Aglio a spicchi non sbucciato, aggiunto alla preparazione per breve tempo, durante la cottura.

Appassire o **far sudare**
Soffriggere (a bassa temperatura) aromi o verdure in poco olio o burro, senza che prendano colore.

Bastardella
Profondo recipiente d'acciaio con due manici, in genere semisferico, dal vario impiego in cucina.

Bimby
Robot per impastare, frullare e all'occorrenza cuocere, anche a vapore.

Brasare
Cuocere lentamente carne, pesce o verdure con l'aggiunta di un liquido, dopo averli rosolati.

Brunoise
Dadolata finissima di verdure, per esempio sedano, carote, cipolle e porro.

Bruscandoli
Germogli del luppolo selvatico affini per gusto agli asparagi.

Candire
Procedimento con cui la frutta o i vegetali (ingredienti dolci o salati), messi a bagno in uno sciroppo, vengono asciugati sul fuoco, a bassa temperatura.

Cannello
Piccolo bruciatore a gas utilizzato per gratinare le pietanze, caramellare lo zucchero, fiammeggiare il pollame.

Caramellare
Detto della frutta, ricoprirne la superficie di un velo croccante, cospargendola di zucchero (o caramello in polvere) poi scaldato da un cannello a fiamma.

Cestino per la cottura al vapore
Utensile rotondo, in bambù, per brevi cotture. Impilabile, può cuocere simultaneamente più alimenti.

Cocottina
Recipiente rotondo monoporzione, in porcellana o terracotta, utilizzato per la cottura di uova, soufflé e sformati.

Colino cinese
Colino di metallo dalla forma conica, utilizzato per filtrare salse e fondi di cottura, ed eliminare impurità.

Confit
Nelle preparazioni salate, alimento cotto lentamente nel grasso con un procedimento analogo alla canditura.

Coppapasta
Stampini senza fondo di varie forme e misure, per tagliare pasta o altri alimenti.

Deglassare
Sciogliere con un liquido il fondo di cottura per farne una salsa.

Fiammeggiare
Passare alla fiamma la carcassa di un volatile, una volta spennato.

Ficoidea glacialis
Insalata coltivata in terreni sabbiosi vicino al mare, dal gusto leggermente sapido e acidulo.

Fondente
Dura pasta di zucchero, bianca e inodore, variamente usata in pasticceria.

Glassare
Passare al forno o alla salamandra una pietanza di carne o pesce, ricoprendola ripetutamente con poco sugo in modo tale da formare una lucida glassa.

Gratinare
Cuocere una pietanza sotto il grill o la salamandra in modo che si formi una crosticina croccante e dorata.

Isomalt
Dolcificante ipocalorico ricavato dalla barbabietola da zucchero.

Julienne o **Giuliana**
Taglio a forma allungata e fine, tipo fiammifero.

Mandolina
Utensile a lama affilata e regolabile, usato per affettare sottilmente verdure o altro.

Mantecare
Amalgamare burro, formaggio o olio extravergine d'oliva alla preparazione per renderla cremosa.

Marinare o macerare
Insaporire o ammorbidire un alimento immergendolo per alcune ore in olio, aceto o vino... con aromi e spezie. La marinatura dell'uovo in sale affumicato, zucchero e fagioli consente di cuocere il tuorlo a sé.

Montare
Sbattere le uova o gli ingredienti di una salsa con una frusta, facendoli aumentare di volume.

Montare a neve
Sbattere le chiare con una frusta finché, incorporando aria, si gonfiano e assumono un aspetto simile a neve.

Nappare
Coprire completamente una preparazione di salsa.

Pasta phillo
Sfoglia sottilissima di acqua e farina, prodotta solo industrialmente e venduta anche surgelata.

Pepe di Sichuan
Pianta originaria della Cina, con bacche rosse, vuote internamente, dal vago sentore di anice e limone.

Ridurre
Concentrare una salsa ponendola sul fuoco per fare evaporare i liquidi.

Rosolare
Far prendere colore a vegetali, carni o pesci, cuocendoli in olio o burro.

Salamandra
Utensile a gas, o dotato di una resistenza elettrica, per gratinare.

Sale di Maldon
Sale in scaglie, dall'aroma delicato, prodotto nella regione inglese dell'Essex.

Salsare
Aggiungere la salsa a una preparazione prima di portarla in tavola.

Saltare
Rosolare le vivande muovendole di continuo, facendo "saltare" la padella con un movimento secco del polso.

Scaloppare
Tagliare a fette regolari un pezzo intero di carne o di pesce.

Sfilettare
Privare il pesce della lisca centrale e delle laterali, mantenendone integre le carni.

Sfumare
Dopo averla rosolata, bagnare una vivanda con del liquido facendolo poi evaporare velocemente.

Silpat
Foglio di tela siliconata antiaderente, utilizzato per cuocere in forno.

Sobbollire
Mantenere un liquido vicino al punto di ebollizione, senza mai raggiungerlo.

Spadellare
Passare velocemente in padella a fuoco vivace.

Stemperare Diluire in poco liquido il lievito, ad es.; altrimenti, raffreddare un composto portato ad alte temperature.

Tasca da pasticcere
Tasca in tela impermeabile o plastica, riempibile con un composto morbido, utilizzata per farcire o decorare.

Tornire
Dare forma regolare alle verdure, per facilitare la cottura e migliorarne l'estetica.

Tostare
Nella preparazione di risotti, scaldare e far leggermente colorire il riso prima di sfumarlo con il vino.

Vinaigrette
Emulsione di olio, aceto e sale, anche con l'aggiunta di spezie.

Wok
Ampia padella di tradizione orientale per cotture a vapore e fritture veloci.

Indice alfabetico per portate

RISO
- 46 Crema di riso e zafferano con midollo e cacao nero
- 50 Crema di riso Venere, capperi essiccati e ricci di mare
- 54 Insalata di riso Basmati con avocado, ricci di mare e mandorle
- 44 Riso al salto con polpette di vitello e cavolo pigna
- 52 Risotto allo zafferano con midollo alla piastra
- 42 Risotto con acciughe e limone, cacao al peperoncino
- 48 Timballo di albume, orzo perlato e ostriche

PASTA
- 70 Capesante con finocchi e ristretto alla liquirizia
- 64 Gnocchi di patate croccanti con trippe di baccalà stufate
- 72 Minestra di birra con bruscandoli e uova di seppia alla piastra
- 58 Pizza margherita con midollo e ricci di mare
- 62 Ravioli di cotechino, verza e patate americane
- 60 Ravioli di latte di capra con cipollotto, sedano e tartufo nero
- 68 Spaghetti di patate con alici marinate e puntarelle
- 74 Spaghetti fritti, pomodoro e basilico
- 66 Zuppa di broccolo fiolaro di Creazzo con cozze, vongole e mezzi rigatoni

VERDURE
- 80 Asparagi bianchi, mandorle fresche e *Ficoidea glacialis*
- 84 Insalata russa caramellata al tartufo nero
- 90 Purè di patate al peperoncino
- 86 Tortino di rabarbaro, salsa di yogurt
- 88 Verdure essiccate al naturale
- 78 Verdure in crosta di sale
- 82 Zuppa di sedano, tartufo nero e mortadella

FRUTTA
- 94 Frutta caramellata
- 98 Frutta essiccata
- 102 Involtini di mascarpone con frutta secca e sedano candito
- 96 Lime con X-Fresh
- 100 Polpa di mango e Fisherman's Friend

CONDIMENTI
- 106 Bagna cauda
- 108 Pesto e uvetta
- 110 Salsa Cocktail
- 114 Salsa di noci
- 112 Salsa Tonnata

UOVA
- 122 Albume sodo montato a neve, polpo arrostito e acqua di riso Venere
- 126 Tuorlo d'uovo fritto con legumi in insalata
- 118 Tuorlo d'uovo marinato con asparagi verdi
- 120 Uovo al vapore con tartufo nero
- 124 Uovo essiccato, farro spezzato e olive nere

PESCE
- 134 Astice blu alla birra con bruscandoli
- 144 Baccalà al vapore con purea di verza e germogli di crescione
- 138 Bruschetta con pomodoro, scampi e olive nere
- 132 Crema di rafano, cacao al peperoncino e tartufi di mare
- 142 Gamberi rossi di Sanremo con melanzane, pomodori e Campari
- 136 Trancio di branzino dorato con datteri, puntarelle e patate viola
- 130 Trancio di nasello con asparagi verdi alla vaniglia
- 140 Trippe di capesante in umido, patate e cipolline

CARNI
- 160 Animelle di vitello con carciofi al caffè e scorzonera
- 162 Filetto di capriolo al pepe verde, melagrana e sedano rapa
- 152 Filetto di maiale alla liquirizia con sedani e cipolla di Tropea
- 158 Midollo nell'osso gratinato con zucca e verdure all'olio
- 154 Musetto di maiale fondente con scampi e pomodori verdi
- 156 Petto di piccione allo spiedo con peperoni arrostiti
- 148 Rognone di vitello con ricci di mare
- 150 Vitello impanato alla milanese con petali di pomodoro gratinati

FORMAGGI
- 178 Bignè di scamorza affumicata e Parmigiano
- 166 Crema di Parmigiano e pere con miele d'acacia
- 176 Flan di mascarpone, frutta secca e menta
- 174 Paccheri di gruyère in insalata con noci e gruè di cacao
- 172 Semifreddo di ricotta, pere e miele
- 170 Soufflé al mascarpone, olive nere e pistacchi
- 168 Tiramisù leggero cotto al vapore

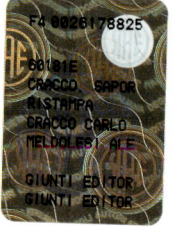